여행
스페인어

나만믿어!

국립중앙도서관 출판시도서목록(CIP)

여행 스페인어 : 나만 믿어! / 지은이: Tomato 교재편집팀. — 서
울 : Tomato, 2011
   p. ;   cm

본문은 한국어, 스페인어가 혼합수록됨
ISBN 978-89-91068-47-6 13770 : ₩8000

에스파냐어[—語]

777.5-KDC5
468-DDC21   CIP2011002798

여행 스페인어
나만 믿어

스페인어는 스페인과 중남미 대부분의 국가 등 전 세계에서 약 5억 명에 이르는 인구가 모국어로 사용하고 있습니다. 정치, 경제, 문화 등의 분야에서 영어 다음으로 많이 쓰이는 언어이고, UN, EU 등 주요 국제기구들의 공용어이기도 합니다. 근래에 들어 한국과 유럽·중남미 국가들과의 경제·문화의 교류가 확대됨에 따라 상호 이해의 중요성도 점점 커지고 있습니다.

이 책은 스페인이나 중남미 국가를 여행하는 여행자들이 무리 없이 의사소통이 가능하도록 여행의 순서에 따라 장면을 나누고 각 장면마다 약 10개의 자주 쓰는 회화로 구성해서 최소한의 기본적인 회화가 가능하도록 구성한 것입니다.

각 장면을 여행의 순서에 따라 구성했습니다.

스페인이나 중남미로의 여행 출발에서 귀국할 때까지 여행 순서에 따라 장면을 구성하고 각 장면은 다양한 세부 상황으로 나누어 각 상황에서 요긴하게 쓸 수 있는 기본적인 회화 표현을 10개 정도 수록했습니다.

짧은 문장을 이용해서 쉽게 말할 수 있도록 했습니다.

쉽게 소리 내어 말할 수 있도록 간단하고 짧은 문장으로 구성해서 여행 시에 자신의 의사를 효과적으로 전달할 수 있도록 했습니다.

원어민의 발음에 충실하게 우리말 발음을 달았습니다.

스페인어 발음에 익숙하지 않은 여행자들을 위해 우리말 발음을 달아 그대로 읽기만 해도 바로 통할 수 있도록 했습니다.

모르는 말을 찾아 볼 수 있도록 각 장면의 필수단어를 수록했습니다.

한 마디 단어로도 최소한의 의사소통을 할 수 있습니다. 여행 시 모르는 말을 찾아볼 수 있도록 각 장면 뒤에 필수단어를 수록했습니다.

스페인어 기초

- ⊙ **문자와 발음:** 알파베또 〈15〉 / 발음 〈16〉
- ⊙ **문법:** 명사 〈22〉 / 형용사 〈22〉 / 주격 인칭대명사 〈23〉 / 동사 〈24〉 /
  의문문과 부정문 〈27〉
- ⊙ **스페인 지도/스페인어 사용국가**

차 례

이 책의 이용법

여행의 출발에서 귀국할 때까지 여행 순서에 따라 제1장 기본표현을 제외하면 10개의 장면으로 구성되어 있습니다.

각 장면은 여행자가 만나게 되는 다양한 상황으로 나누고 각 상황마다 여행자에게 도움이 되는 회화 표현을 수록했습니다.

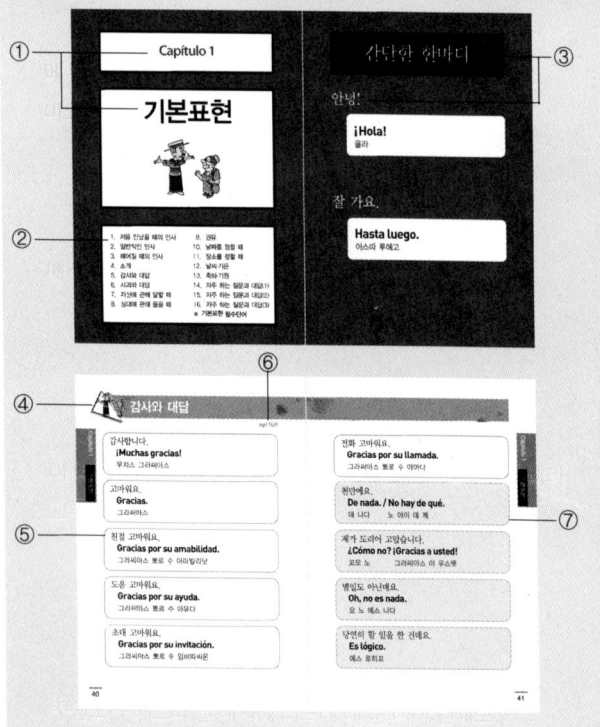

    각 장면 뒤에는 그 장면에서 자주 쓰이는 단어를 우리말 사전 순으로 수록했습니다.

    부록 mp3 CD에는 네이티브 스피커가 일상 대화하는 속도로 회화 표현이 녹음되어 있습니다.

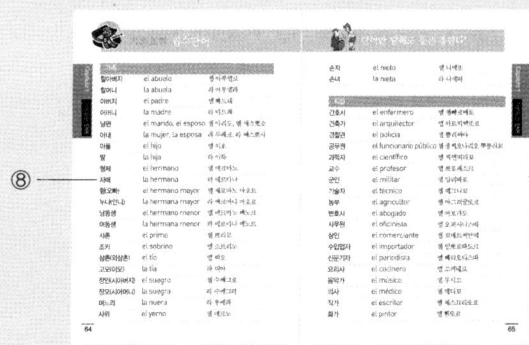

① 장면의 제목을 나타냅니다.

② 해당 장면에 수록되어 있는 다양한 상황의 제목을 나타냅니다.

③ 해당 장면에서 가장 자주 쓰는 회화를 '간단한 한마디'로 수록했습니다.

④ 상황의 제목을 나타냅니다.

⑤ 자주 쓰이는 회화표현을 우리말→스페인어→우리말 발음 순서로 10개 정도 수록해 두었습니다.

⑥ 해당 상황의 회화가 녹음된 mp3파일의 번호를 나타냅니다. 실제 발음에 충실하게 우리말 발음을 달았지만 정확한 발음은 녹음된 내용으로 연습하시길 바랍니다.

⑦ 대화에 응답하는 표현은 바탕을 다른 색으로 나타냈습니다.

⑧ 각 장면에서 자주 쓰이는 단어를 우리말 사전 순으로 수록해서 언제라도 편리하게 찾아볼 수 있도록 했습니다.

스페인어 기초

스페인어는 이베리아로망스어군에 속하는 로망스어 중 하나입니다. 스페인 북부 지역에서 기원하여 카스티야 왕국에서 점차 퍼졌으며, 이후 이베리아 반도에서 통치와 상업의 제1언어로 발전했습니다. 우리가 스페인어라고 부르는 언어는 스페인어 사용자들에게는 카스테야노 (Castellano(Castilian))로 알려져 있습니다. 카스테야노는 15세기 스페인의 통일 기에 가장 강력하고 영향력이 컸던 카스티야의 언어였습니다. 오늘날 이 언어가 전 세계적으로 스페인어로 알려져 있습니다.

1492년 스페인어는 아메리카 대륙에 상륙했습니다. 정복자 대다수가 남부 스페인의 안달루시아 지방 출신이어서 라틴 아메리카에서는 그들의 발음이 주종을 이루었습니다. 그래서 c와 z는 안달루시아와 라틴 아메리카에서는 ㅅ으로 발음합니다. 그러나 스페인에서는 [θ]로 발음합니다. 유럽 스페인어와 라틴 아메리카 스페인어의 차이는 영국 영어와 미국 영어처럼 발음과 어휘에서 차이가 있지만 이해하는 데는 별 어려움이 없습니다.

오늘날 미국에 거주하는 천 5백 만 명을 포함해서 스페인, 멕시코, 중남미, 적도 기니, 필리핀, 서사하라 등의 지역에서 4억 5200만 명이 모국어로 사용하고 있으며, 이는 중국어 다음으로 많고 로망스어군에 속하는 언어 중 가장 많은 숫자입니다. 스페인어는 국제 연합의 여섯 개 공식 언어 중 하나이며 문자는 라틴 문자를 사용합니다.

문자와 발음

1 알파베또(Alfabeto)

스페인어는 영어와 같은 발음기호가 없고 모든 문자들은 그대로 읽으면 됩니다.

대문자(소문자)	명칭	우리말 발음
A(a)	a 아	아
B(b)	be 베	ㅂ
C(c)	ce 쎄	ㅅ(ㅆ), ㄲ
Ch(ch)	che 체	ㅊ
D(d)	de 데	ㄷ
E(e)	e 에	에
F(f)	efe 에페	ㅍ
G(g)	ge 헤	ㄱ, ㅎ
H(h)	hache 아체	묵음
I(i)	i 이	이
J(j)	jota 호따	ㅎ
K(k)	ka 까	ㄲ
L(l)	ele 엘레	ㄹ
Ll(ll)	elle 에예	ㅇ과 ㅈ의 중간 소리
M(m)	eme 에메	ㅁ
N(n)	ene 에네	ㄴ

15

대문자(소문자)	명칭	우리말 발음
Ñ(ñ)	eñe에녜	ㄴ의 된소리
O(o)	o오	오
P(p)	pe뻬	ㅃ
Q(q)	cu꾸	ㄲ
R(r)	ere에레	ㄹ
(rr)	erre에레	ㄹ
S(s)	ese에쎄	ㅅ, ㅆ
T(t)	te떼	ㄸ
U(u)	u우	우
V(v)	uve우베	ㅂ
W(w)	uve doble우베 도블레	ㅂ, 우
X(x)	equis에끼스	ㅅ, ㄱㅅ, ㅎ
Y(y)	i griega이 그리에가	이, ㅇ과 ㅈ의 중간 소리
Z(z)	zeta쎄따	ㅆ, ㅅ

2 발음(Pronunciación)

1. 모음

mp3 002

영어와 마찬가지로 a, e, i, o, u 5개가 있습니다.

a	우리말의 '아' 와 같은 발음입니다.
	cara 까라 얼굴　　　　　　　　cama 까마 침대

e	우리말의 '에' 와 같은 발음입니다.
	este 에스떼 동쪽 estadio 에스따디오 경기장

i	우리말의 '이' 와 같은 발음입니다.
	idea 이데아 생각 dinero 디네로 돈

o	우리말의 '오' 와 같은 발음입니다.
	oeste 오에스떼 서쪽 minuto 미누또 분(分)

u	우리말의 '우' 와 같은 발음입니다.
	sur 수르 남쪽 universidad 우니베르시닷 대학

2. 자음

mp3 003

자음은 모음을 제외한 25개의 문자입니다.

b, v	우리말의 'ㅂ' 처럼 발음합니다. v는 b와 발음이 같습니다.
	ba바 be베 bi비 bo보 bu부
	va바 ve베 vi비 vo보 vu부
	biblioteca 비블리오떼까 도서관 obra 오브라 작품
	tranvía 뜨란비아 전차 avión 아비온 비행기

c	e나 i 앞에서는 'ㅆ', 기타 문자 앞에서는 'ㄲ'로 발음합니다.
	ca까 ce쎄 ci씨 co꼬 cu꾸
	cerca 쎄르까 근처에 cine 씨네 영화관

ch	우리말의 'ㅊ' 처럼 발음합니다.
	cha차 che체 chi치 cho초 chu추
	cheque 체께 수표 ancho 안초 넓은

d	우리말의 'ㄷ'처럼 발음합니다. 단어 끝에서는 받침으로 쓰고 거의 소리가 나지 않습니다. **da**다　**de**데　**di**디　**do**도　**du**두 **desierto** 데씨에르또 사막　**ciudad** 씨우닷 도시
f	우리말의 'ㅍ'처럼 발음합니다. 영어의 [f]처럼 입술을 살짝 깨물며 발음합니다. **fa**파　**fe**페　**fi**피　**fo**포　**fu**푸 **flor** 플로르 꽃　　　**teléfono** 뗄레포노 전화
g	우리말의 'ㅎ, ㄱ'처럼 발음합니다. e와 i 앞에서는 'ㅎ', 기타 문자 앞에서는 'ㄱ'. 단, gue, gui는 u소리가 나지 않습니다. **ga**가　**ge**헤　**gi**히　**go**고　**gu**구 　　　　**gue**게　**gui**기 　　　　**güe**구에　**güi**구이 **lago** 라고 호수　　　**gente** 헨떼 사람들 **guía** 기아 안내　　　**lingüista** 링구이스따 언어학자
h	발음되지 않는 무성음입니다. **ha**아　**he**에　**hi**이　**ho**오　**hu**우 **hospital** 오스삐딸 병원　**humo** 우모 연기
j	우리말의 'ㅎ'처럼 발음합니다. **ja**하　**je**헤　**ji**히　**jo**호　**ju**후 **jardin** 하르딘 정원　　**abajo** 아바호 아래에
k	외래어에만 쓰이며 우리말의 'ㄲ'처럼 발음합니다. **ka**까　**ke**께　**ki**끼　**ko**꼬　**ku**꾸 **Tokio** 또끼오 도쿄　　**Kenia** 께니아 케냐

l	우리말의 'ㄹ'처럼 발음합니다. 단어 속에서는 받침 'ㄹ'로 발음합니다. **la**라 **le**레 **li**리 **lo**로 **lu**루 **lugar** 루가르 장소 **pueblo** 뿌에블로 마을
ll	우리말의 'ㅇ'과 'ㅈ'의 중간음입니다. 이 책에서는 'ㅇ'로 표기했습니다. **lla**야 **lle**예 **lli**이 **llo**요 **llu**유 **calle** 까예 거리 **llave** 야베 열쇠
m	우리말의 'ㅁ'처럼 발음합니다. **ma**마 **me**메 **mi**미 **mo**모 **mu**무 **mar** 마르 바다 **camino** 까미노 길
n	우리말의 'ㄴ'처럼 발음합니다. 발음의 편의상 c, g, j, q 앞에서는 [ŋ], m, p, v 앞에서는 [m]으로 발음됩니다. **na**나 **ne**네 **ni**니 **no**노 **nu**누 **norte** 노르떼 북쪽 **puente** 뿌엔떼 다리
ñ	[n+y]로 발음합니다. **ña**냐 **ñe**녜 **ñi**니 **ño**뇨 **ñu**뉴 **señal** 쎄냘 신호 **compañía** 꼼빠니아 회사
p	우리말의 'ㅃ'처럼 발음합니다. **pa**빠 **pe**뻬 **pi**삐 **po**뽀 **pu**뿌 **parada** 빠라다 정류장 **policía** 뽈리씨아 경찰서
q	우리말의 'ㄲ' 발음으로 que, qui의 형태로만 쓰입니다. **que**께 **qui**끼 **porqué** 뽀르께 이유 **equipaje** 에끼빠헤 수하물

r	우리말의 'ㄹ' 발음이지만 단어의 맨 앞 또는 l, n, s 뒤에서는 혀끝을 강한 진동음 'ㄹㄹ'로 발음합니다. **ra**라 **re**레 **ri**리 **ro**로 **ru**루 **regalo** 레갈로 선물 **Israel** 이스라엘 이스라엘
rr	항상 단어 중간에 오며 우리말의 'ㄹㄹ' 발음입니다. **rra**ㄹ라 **rre**ㄹ레 **rri**ㄹ리 **rro**ㄹ로 **rru**ㄹ루 **correo** 꼬레오 우편 **perrillo** 뻬리요 강아지
s	우리말의 'ㅅ'처럼 발음합니다. **sa**사 **se**세 **si**시 **so**소 **su**수 **sitio** 시띠오 장소 **paso** 빠쏘 통행
t	우리말의 'ㄸ'처럼 발음합니다. **ta**따 **te**떼 **ti**띠 **to**또 **tu**뚜 **teatro** 떼아뜨로 극장 **destino** 데스띠노 목적지
w	외래어 표기를 위해서만 쓰이고 우리말의 '우'처럼 발음합니다. **wa**와 **we**웨 **wi**위 **wo**오 **wu**우 **whisky** 위스끼 위스키
x	보통 자음 앞에서는 우리말의 'ㅅ'으로 발음하고 모음 앞에서는 'ㄱㅅ'로 발음합니다. **xa**ㄱ사 **xe**ㄱ세 **xi**ㄱ시 **xo**ㄱ소 **xu**ㄱ수 **excursión** 에스꾸르시온 소풍 **examen** 엑싸멘 시험
y	우리말의 '이'처럼 발음합니다. ll과 같은 소리입니다. **ya**야 **ye**예 **yi**이 **yo**요 **yu**유 **mayo** 마요 5월 **yo** 요 나

Z	우리말의 'ㅆ' 처럼 발음합니다.
	za싸 **ze**쎄 **zi**씨 **zo**쏘 **zu**쑤
	zapato 싸빠또 구두 **cruzar** 끄루싸르 횡단하다

3. 강세

스페인어의 강세는 다음의 세 가지 법칙만 잘 기억해 두면 됩니다.

❶ 모음이나 n, s 로 끝나는 단어의 강세는 끝에서 두 번째 모음에 강
    세가 있습니다.

   fru-ta 프루따 과일   a-mi-gos 아미고스 친구들

❷ n, s 이외의 자음으로 끝나는 단어의 강세는 맨 마지막 모음에 강
    세가 있습니다.

   co-lor 꼴로르 색   a-bril 아브릴 4월

❸ 강세 부호가 붙은 것은 그 위치에 강세가 있습니다.

   sábado 싸바도 토요일   mediodía메디오디아 정오

※ 이중모음

'a' 'e' 'o'를 강모음, 'i' 'u'를 약모음이라고 하며 강약의 모음이 결
합한 것을 이중모음이라고 합니다. 이중 모음은 강모음을 중심으로 한
개의 모음으로 간주합니다.

문법

1 명사

명사는 남성명사와 여성명사가 있고, 단수 복수의 구별이 있습니다. o 로 끝나는 것은 남성을 나타내고 a로 끝나는 것은 여성을 나타냅니다. o나 a로 끝나지 않는 명사들은 성을 암기해야 합니다.

정관사는 남성 정관사 el(복수는 los), 여성 정관사 la(복수는 las)가 있습니다.

부정관사는 남성 부정관사 un(복수는 unos), 여성 부정관사 una(복수는 unas)가 있습니다.

관사	성	단수	복수
정관사	남성	el bolígrafo 볼펜 엘 볼리그라포	los bolígrafos 볼펜들 로스 볼리그라포스
	여성	la cámara 카메라 라 까마라	las cámaras 카메라들 라스 까마라스
부정관사	남성	un mozo 소년 운 모쏘	unos mozos 소년들 우노스 모쏘스
	여성	una moza 소녀 우나 모싸	unas mozas 소녀들 우나스 모싸스

2 형용사

형용사는 보통 명사 뒤에 와서 명사를 수식합니다. 형용사는 명사의 수와 성에 일치시켜야 합니다. 남성 단수형어미 o로 끝나는 형용사는

a로 바꾸어 여성형을 만듭니다. 어미가 o로 끝나지 않는 일부 형용사는 여성형에서는 a를 추가하는데 변화가 없는 것도 있습니다.

의미	남성형 단수	여성형 단수
아름다운	hermoso 에르모쏘	hermosa 에르모싸
아르헨티나의	argentino 아르헨띠노	argentina 아르헨띠나
친절한	amable 아마블레	amable 아마블레

명사나 형용사의 복수형은 끝이 모음으로 끝나면 s, 자음으로 끝나면 es를 붙입니다.

수	복수형 만들기
단수	un sombrero grande 운 쏨브레로 그란데 큰 모자 하나
복수	dos sombreros grandes 도스 쏨브레로스 그란데스 큰 모자 둘
단수	una blusa azul 우나 블루사 아쑬 파란 블라우스 하나
복수	dos blusas azules 도스 블루싸스 아쑬레스 파란 블라우스 둘

③ 주격 인칭대명사

스페인어에서는 동사의 어미를 보면 주어를 알 수 있으므로 쓸 필요가 없습니다. 특히 yo는 '나' 라는 것을 강조할 경우에만 쓰입니다.
usted는 처음 보는 사람이나 윗사람에게 쓰고, tú는 친밀감을 나타내므로 친구, 가족, 어린아이에게 씁니다.

인칭	단수	복수
1인칭	yo 나	nosotros 우리들(남성)
		nosotras 우리들(여성)
2인칭	tú 너	vosotros 너희들(남성)
		vosotras 너희들(여성)
3인칭	usted(Ud.) 당신	ustedes(Uds.) 당신들
	él 그	ellos 그들
	ella 그녀	ellas 그녀들

4 동사

동사는 누가 어떤 동작을 하느냐에 따라 어미가 달라집니다. 주격대명사는 강조하거나 분명히 밝혀야 할 경우에만 사용하고 동사의 어미로 주어를 구별하므로 주어는 그다지 쓰지 않습니다.

영어의 be동사에 해당하는 존재와 상태를 나타내는 동사로 ser, estar 두 가지가 있습니다.

estar는 일시적인 특성이나 상태의 변화를 말할 때 쓰고, ser는 일반적으로 영구적인 특성이나 선천적인 상태를 말할 때 씁니다.

수	인칭	인칭대명사	ser 동사
단수	1인칭	yo	soy
	2인칭	tú	eres
	3인칭	él, ella, usted	es
복수	1인칭	nosotros, nosotras	somos
	2인칭	vosotros, vosotras	sois
	3인칭	ellos, ellas, ustedes	son

수	인칭	인칭대명사	estar 동사
단수	1인칭	yo	estoy
	2인칭	tú	estás
	3인칭	él, ella, usted	está
복수	1인칭	nosotros, nosotras	estamos
	2인칭	vosotros, vosotras	estáis
	3인칭	ellos, ellas, ustedes	están

📕 Está en casa. 그(녀)는 집에 있다.

　Es mexicana. 그녀는 멕시코 사람이다.

다음은 주요 불규칙동사입니다. 현재형의 활용은 다음과 같습니다.

수	인칭	인칭대명사	comer(먹다) 동사
단수	1인칭	yo	como
	2인칭	tú	comes
	3인칭	él, ella, usted	come
복수	1인칭	nosotros, nosotras	comemos
	2인칭	vosotros, vosotras	coméis
	3인칭	ellos, ellas, ustedes	comen

수	인칭	인칭대명사	ir(가다) 동사
단수	1인칭	yo	voy
	2인칭	tú	vas
	3인칭	él, ella, usted	va
복수	1인칭	nosotros, nosotras	vamos
	2인칭	vosotros, vosotras	vais
	3인칭	ellos, ellas, ustedes	van

수	인칭	인칭대명사	venir(오다) 동사
단수	1인칭	yo	vengo
	2인칭	tú	vienes
	3인칭	él, ella, usted	viene
복수	1인칭	nosotros, nosotras	venimos
	2인칭	vosotros, vosotras	venís
	3인칭	ellos, ellas, ustedes	vienen

수	인칭	인칭대명사	tener(가지다) 동사
단수	1인칭	yo	tengo
	2인칭	tú	tienes
	3인칭	él, ella, usted	tiene
복수	1인칭	nosotros, nosotras	tenemos
	2인칭	vosotros, vosotras	tenéis
	3인칭	ellos, ellas, ustedes	tienen

5 의문문과 부정문

스페인어에서는 물음표와 느낌표를 문장의 앞뒤에 모두 붙이며 거꾸로 된 의문부호 ¿는 의문문 앞에 사용하며, 거꾸로 된 느낌표 ¡는 감탄문 앞에 사용합니다.

평서문·의문문의 구별은 의문부호의 유무로 구분합니다. 즉 끝을 내려서 말하면 평서문이 되고 끝을 올려 말하면 의문문이 되는 것입니다.

예 Él es estudiante. 그는 학생이다.
→ ¿Él es estudiante? 그는 학생입니까?

부정문은 시제나 인칭에 관계없이 동사 앞에 **no**를 붙이면 됩니다.

예 Es un coche. 자동차이다.
→ No es un coche. 자동차가 아니다.

● 스페인 지도

La Coruña
라 꼬루냐

Bilbao
빌바오

Valladolid
◉ 바야돌리드

Zaragoza
◉ 싸라고싸

Barcelona
◉ 바르쎌로나

Madrid
◉ 마드릿

Valencia
◉ 발렌씨아

PORTUGAL

Badajoz
◉ 바다호쓰

Córdoba
◉ 꼬르도바

Alicante
◉ 알리깐떼

Sevilla
◉ 쎄비야

Cartagena
◉ 까르따헤나

Granada
◉ 그라나다

Cádiz
◉ 까디쓰

Málaga
말라가

스페인은 이베리아 반도에 있고 발레아레스 제도 및 카나리아 제도를 포함하며 수도는 마드리드입니다. 서쪽으로 포르투갈과 접하고 있으며, 북동쪽으로는 피레네 산맥을 경계로 프랑스와 접하고 있습니다. 서유럽에서 프랑스 다음으로 크고 다양한 인종으로 이루어져 있으며, 각각 고유한 관습과 문화를 갖고 있습니다. 남부 안달루시아 지방은 이슬람의 지배를 오래 받아 아랍 문화의 색채가 많이 남아 있습니다. 대다수 국민들은 로마 가톨릭을 믿으며 화폐 단위는 유로 (euro)입니다.

기후는 지중해성으로 대체로 온난하면서도 더우며 유럽의 서쪽에 위치하므로 여름에는 무덥고 건조합니다.

산업은 서비스업, 경·중공업과 농업을 기반으로 시장 경제가 발달했으며 포도주와 올리브유의 세계적인 생산국이기도 합니다.

스페인은 입헌군주제로 국가 원수는 왕이고 정부 수반은 수상입니다.

● 스페인어 사용 국가

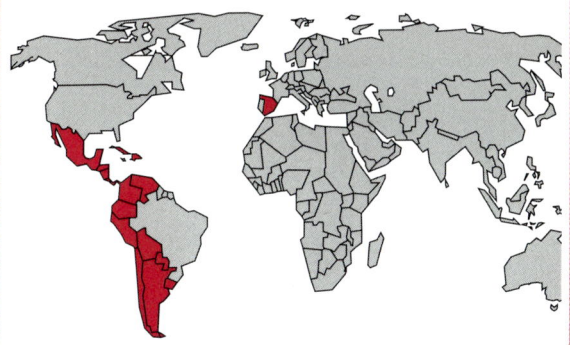

유럽	스페인
아메리카	멕시코, 아르헨티나, 볼리비아, 칠레, 콜롬비아, 코스타리카, 쿠바, 도미니카 공화국, 에콰도르, 엘살바도르, 과테말라, 온두라스, 멕시코, 니카라과, 파나마, 파라과이, 페루, 우루과이, 베네수엘라, 푸에르토리코
아프리카	적도 기니
아시아	필리핀

Capítulo 1

기본표현

간단한 한마디

안녕!

¡Hola!
올라

잘 가요.

Hasta luego.
아스따 루에고

mp3 005

처음 뵙겠습니다.
Mucho gusto.
무초 구스또

안녕하세요.
Buenas tardes.
부에나스 따르데스

만나서 기뻐요.
Encantado(a) de conocerlo(a).
엔깐따도(다) 데 꼬노쎄를로(라)

한 번 뵙고 싶었어요.
Quería conocerlo(a).
께리아 꼬노쎄를로(라)

제 이름은 김인수입니다.
Me llamo In-su Kim.
메 야모 인수 낌

실례지만 성함을 뭐라고 하셨어요?
¿Me permite su nombre?
메 뻬르미떼 수 놈브레

제 메일 주소입니다.
Aquí tiene mi correo electrónico.
아끼 띠에네 미 꼬레오 엘렉뜨로니꼬

제 집 전화(휴대전화) 번호입니다.
Aquí tiene mi número de teléfono de casa(teléfono movil).
아끼 띠에네 미 누메로 데 뗄레포노 데 까사(뗄레포노 모빌).

메일주소를 가르쳐 주겠어요?
Podria tener su dirección de correo electrónico.
뽀드리아 떼네르 수 디렉시온 데 꼬레오 엘렉뜨로니꼬

일반적인 인사

mp3 **006**

안녕하세요. (안녕!) (오전 인사)
Buenos días. (¡Hola!)
부에노스 디아스(올라)

안녕하세요. (안녕!) (오후 인사)
Buenas tardes. (¡Hola!)
부에나스 따르데스(올라)

안녕하세요. (안녕!) (저녁/밤 인사)
Buenas noches. (¡Hola!)
부에나스 노체스(올라)

오래간만이네요.
Tanto tiempo que no nos vemos.
딴또 띠엠뽀 께 노 노스 베모스

만나서 반가워요.
Me alegro de verle.
메 알레그로 데 베를레

잘 지냈어요?
¿Cómo está usted?
꼬모 에스따 우스뗏

요즘 어떻게 지냈어요?
¿Qué ha hecho recientemente?
께 아 에초 레씨엔떼멘떼

하는 일은 어떠세요?
¿Cómo le va en el trabajo?
꼬모 레 바 에넬 뜨라바호

가족들 모두 잘 있어요?
¿Cómo está su familia?
꼬모 에스따 수 파밀리아

모두 별일 없어요.
Seguimos como siempre.
세기모스 꼬모 시엠쁘레

헤어질 때의 인사

mp3 **007**

Capítulo 1

기본표현

안녕히 가세요!
  ¡Adiós!
  아디오스

잘 가요!
  ¡Hasta luego! / ¡Nos veremos! (¡Adiós!)
  아스따 루에고   노스 베레모스(아디오스)

안녕!
  ¡Chau!
  차우

또 만나요!
  ¡Hasta luego!
  아스따 루에고

내일 봐요.
  ¡Nos vemos mañana!
  노스 베모스 마냐나

36

조심해서 가세요.
¡Que le vaya bien!
께 레 바야 비엔

앞으로 연락하고 지내요.
Vamos a seguir teniendo contacto.
베모스 아 세기르 떼니엔도 꼰딱또

메일 보낼게요.
Le mandaré un correo electrónico.
레 만다레 운 꼬레오 엘렉뜨로니꼬

서울에 오면 연락하세요.
Avíseme cuando usted venga a Seúl.
아비세메 꾸안도 우스뗏 벵가 아 세울

오늘 정말 즐거웠어요.
Lo pasé muy bien hoy.
로 빠세 무이 비엔 오이

한국에서 왔어요.
Soy de Corea.
소이 데 꼬레아

저는 김인수라고 합니다.
Me llamo In-su Kim.
메 야모 인수 낌

24살입니다.
Tengo veinticuatro años.
뗑고 베인띠꾸아뜨로 아뇨스

미혼입니다.
Soy soltero(a).
소이 솔떼로(라)

아이가 둘 있습니다.
Tenemos dos hijos.
떼네모스 도스 이호스

가족은 처와 둘이 살고 있습니다.
En mi familia somos dos, mi esposa y yo.
엔 미 파밀리아 소모스 도스 미 에스뽀사 이 요

형제가 셋 있습니다.
Somos tres hermanos.
소모스 뜨레스 에르마노스

형(누나)이 하나 있습니다.
Tengo un hermano(una hermana) mayor.
뗑고 운 에르마노(우나 에르마나) 마요르

소개할게요…
Le presento a … / Te presento a …
레 쁘레센또 아 …　　　떼 쁘레센또 아 …

제 가족입니다.
Es mi familia.
에스 미 파밀리아

감사와 대답

mp3 **009**

감사합니다.
¡Muchas gracias!
무차스 그라씨아스

고마워요.
Gracias.
그라씨아스

친절 고마워요.
Gracias por su amabilidad.
그라씨아스 뽀르 수 아마빌리닷

도움 고마워요.
Gracias por su ayuda.
그라씨아스 뽀르 수 아유다

초대 고마워요.
Gracias por su invitación.
그라씨아스 뽀르 수 임비따씨온

전화 고마워요.
Gracias por su llamada.
그라씨아스 뽀르 수 야마다

천만에요.
De nada. / No hay de qué.
데 나다   노 아이 데 께

제가 도리어 고맙습니다.
¿Cómo no? ¡Gracias a usted!
꼬모 노   그라씨아스 아 우스뗏

별일도 아닌데요.
Oh, no es nada.
오 노 에스 나다

당연히 할 일을 한 건데요.
Es lógico.
에스 로히꼬

mp3 **010**

미안합니다.
Lo siento. / Perdón.
로 시엔또   뻬르돈

정말 미안합니다.
Lo siento mucho.
로 시엔또 무초

폐를 끼쳐 죄송해요.
Perdón por la molestia.
뻬르돈 뽀르 라 몰레스띠아

늦어서 미안해요.
Lo siento, llegué tarde.
로 시엔또 예게 따르데

약속을 어겨 미안해요.
Lo siento por no cumplir el compromiso.
로 시엔또 뽀르 노 꿈쁠리르 엘 꼼쁘로미소

연락을 못해 미안해요.
Discúlpeme por no haber estado en contacto.
디스꿀뻬메 뽀르 노 아베르 에스따도 엔 꼰딱또

제 잘못이에요.
Yo soy el(la) culpable.
요 소이 엘(라) 꿀빠블레

그럴 작정은 아니었어요.
No fue mi intención.
노 푸에 미 인뗀씨온

용서해 주세요.
Perdóneme.
뻬르도네메

천만에요.
No pasa nada.
노 빠사 나다

mp3 011

제 이름은 김인수입니다.
Me llamo In-su Kim.
메 야모 인수 낌

서울에서 왔어요.
Soy de Seúl.
소이 데 세울

바르셀로나로 갈 겁니다.
Voy a Barcelona.
보이 아 바르쎌로나

마드리드에 가서 사흘 체재할 겁니다.
Voy a quedar en Madrid por tres días.
보이 아 께다르 엔 마드릿 뽀르 뜨레스 디아스

휴가차 왔어요.
Estoy aquí de vacaciones.
에스또이 아끼 데 바까씨오네스

나는 한국 사람입니다.
Soy coreano(a).
소이 꼬레아노(나)

아직 미혼입니다.
Todavía no estoy casado(a).
또다비아 노 에스또이 까사도(다)

취미는 라틴음악입니다.
Tengo interés en la música latina.
뗑고 인떼레스 엔 라 무시까 라띠나

직업은 의사입니다.
Soy médico.
소이 메디꼬

제 휴대전화 번호는 ~입니다.
Mi número de móvil es el ~.
미 누메로 데 모빌 에스 엘 ~

mp3 **012**

이름이 어떻게 되세요?
¿Cómo se llama?
꼬모 세 야마

어디 사세요?
¿Dónde vive usted?
돈데 비베 우스뗏

몇 살이세요?
¿Cuántos años tienes?
꾸안또스 아뇨스 띠에네스

휴대폰 번호가 어떻게 되세요?
¿Cuál es su número de móvil?
꾸알레스 수 누메로 데 모빌

어디서 오셨어요?(어느 나라 분이세요?)
¿De dónde es usted?
데 돈데 에스 우스뗏

무얼 전공하셨어요?
¿Cuál es su especialidad?
꾸알레스 쑤 에스뻬씨알리닷

결혼하셨어요?
¿Está usted casado(a)?
에스따 우스뗏 까사도(다)

어떤 일을 하세요?
¿Qué clase de trabajo tiene?
께 끌라세 데 뜨라바호 띠에네

가족은 어떻게 되세요?
¿Y su familia?
이 수 파밀리아

형제는 몇 명이에요?
¿Cuántos hermanos tiene?
꾸안또스 에르마노스 띠에네

권유

mp3 **013**

언제 함께 식사라도 할까요?
¿Vamos a comer juntos algún día?
바모스 아 꼬메르 훈또스 알군 디아

점심 먹으러 갈래요?
¿Vamos a comer?
바모스 아 꼬메르

영화 보러 가지 않겠어요?
¿Le gustaría ir al cine?
레 구스따리아 이르 알 씨네

우리 집에 한 번 초대하고 싶은데요.
Quisiera invitarle a mi casa...
끼시에라 인비따를레 아 미 까사

테니스 어때요?
¿Qué tal si jugamos al tenis?
께 딸 시 후가모스 알 떼니스

놀러 오세요!
¡Venga a visitarme!
벵가 아 비시따르메

꼭 오세요.
Por favor, tiene que venir.
뽀르 파보르 띠에네 께 베니르

주말에 시간 있으세요?
¿Está usted disponible este fin de semana?
에스따 우스뗏 디스뽀니블레 에스떼 핀 데 세마나

같이 한 잔 하지 않겠어요?
¿Quiere usted venir junto con nosotros a beber una copa?
끼에레 우스뗏 베니르 훈또 꼰 노소뜨로스 아 베베르 우나 꼬빠

날짜를 정할 때

mp3 **014**

언제가 좋겠습니까?

¿Cuándo estaría bien?

꾸안도 에스따리아 비엔

내일 괜찮으세요?

¿Está bien mañana?

에스따 비엔 마냐나

몇 시가 좋겠어요?

¿A qué hora estaría bien?

아 께 오라 에스따리아 비엔

몇 시에 만날까요?

¿A qué hora nos encontraremos?

아 께 오라 노스 엥꼰뜨라레모스

7시쯤 어떠세요?

¿Estaría bien como a las siete?

에스따리아 비엔 꼬모 아 라스 시에떼

전 몇 시라도 좋아요.
Por mi parte, cualquier hora está bien.
뽀르 미 빠르떼 꾸알끼에르 오라 에스따 비엔

내일은 일이 좀 있어요.
Tengo un compromiso mañana.
뗑고 운 꼼쁘로미소 마냐나

내일은 한가해요.
Mañana estoy libre.
마냐나 에스또이 리브레

일요일이면 언제라도 좋아요.
Siempre estoy libre los domingos.
시엠쁘레 에스또이 리브레 로스 도밍고스

마중 나와 주시겠어요?
¿Puede usted venir a recogerme?
뿌에데 우스뗏 베니르 아 레꼬헤르메

mp3 **015**

어디서 만날까요?
¿Dónde nos encontraremos?
돈데 노스 엔꼰뜨라레모스

어디서 만나죠?
¿Dónde nos veremos?
돈데 노스 베레모스

에스빠냐 광장은 어때요?
¿Qué tal en la Plaza de España?
께 딸 엔 라 쁠라싸 데 에스빠냐

아는 가게 있어요?
¿Conoce algún local allí?
꼬노쎄 알군 로깔 아이

그곳이라면 알고 있어요.
Si conozco uno allí.
시 꼬노쓰꼬 우노 아이

콘서트가 몇 시에 시작하죠?
¿A qué hora es el concierto?
아 께 오라 에스 엘 꽁씨에르또

우리 몇 시에 만날까요?
¿A qué hora quedamos?
아 께 오라 께다모스

세 시에 만나요.
Quedamos sobre las tres.
께다모스 소브레 라스 뜨레스

내일 6시에 봐요.
Nos encontraremos mañana a las seis.
노스 엔꼰뜨라레모스 마냐나 아 라스 세이스

그럼 내일 5시에 아파트 앞이에요.
Entonces, mañana a las cinco enfrente del departamento.
엔똔쎄스 마냐나 아 라스 씽꼬 엔프렌떼 델 데빠르따멘또

날씨·기온

mp3 **016**

일기예보 들었어요?
¿Ha escuchado el pronóstico del tiempo?
아 에스꾸차도 엘 쁘로노스띠꼬 델 띠엠뽀

내일은 날씨는 뭐라고 했어요?
¿Cómo será el tiempo mañana?
꼬모 세라 엘 띠엠뽀 마냐나

밖에 비가 옵니까?
¿Esta lloviendo?
에스따 요비엔도

오후부터 눈이 온다고 합니다.
Por la tarde empezará a nevar.
뽀르 라 따르데 엠뻬싸라 아 네바르

오늘 기온이 몇 도입니까?
¿Qué temperatura hace hoy?
께 뗌뻬라뚜라 아쎄 오이

내일은 기온이 섭씨 30도까지 오른다고 합니다.
Dicen que mañana la temperatura se elevará hasta 30℃.
디쎈 께 마냐나 라 뗌뻬라뚜라 세 엘레바라 아스따 뜨레인따 그라도스

내일은 맑겠다고 합니다.
Dicen que mañana hará buen tiempo.
디쎈 께 마냐나 아라 부엔 띠엠뽀

좋은 날씨죠?
Hace buen tiempo, ¿no?
아쎄 부엔 띠엠뽀 노

날씨가 안 좋군요.
Hace mal tiempo.
아쎄 말 띠엠뽀

날씨가 무척 덥(춥)군요.
Hace mucho calor(frío).
아쎄 무초 깔로르(프리오)

축하·기원

Capítulo 1

기본표현

mp3 **017**

축하드려요!
¡Muchas felicidades!
무차스 펠리씨다데스

축하해요!
¡Felicitaciones!
펠리씨따씨오네스

생일 축하해요!
¡Feliz cumpleaños!
펠리쓰 꿈쁠레아뇨스

결혼 축하해요!
¡Feliz matrimonio!
펠리쓰 마뜨리모니오

합격을 축하해요!
¡Felicitaciones por aprobar!
펠리씨따씨오네스 뽀르 아쁘로바르

졸업 축하해요!
¡Felicitaciones por la graduación!
펠리씨따씨오네스 뽀르 라 그라두아씨온

행복하길 빌어요!
¡Les deseamos muchas felicidades!
레스 데세아모스 무차스 펠리씨다데스

오래도록 행복하세요!
¡Que siga la felicidad hasta siempre!
께 시가 라 펠리씨닷 아스따 시엠쁘레

새해 복 많이 받으세요!
¡Feliz Año Nuevo!
펠리쓰 아뇨 누에보

메리크리스마스!
¡Feliz Navidad!
펠리쓰 나비닷

mp3 **018**

네./그래요.
Sí.
시

아뇨.
No.
노

부탁합니다.
Por favor.
뽀르 파보르

모르겠어요.
No sé.
노 세

이게(그게/저게) 뭡니까?
¿Qué es esto(eso/aquello)?
께 에스 에스또(에소 / 아께요)

스페인어로 뭐라고 합니까?

¿Cómo se dice en español?

꼬모 세 디쎄 엔 에스빠뇰

어디 가십니까?

¿Dónde va usted?

돈데 바 우스뗏

좋아요.

Vale. / De acuerdo.

발레   데 아꾸에르도

가능합니까?

¿Es posible?

에스 뽀시블레

어떻게 생각하십니까?

¿Qué piensa usted?

께 삐엔사 우스뗏

mp3 **019**

영어를 하십니까?
¿Habla usted inglés?
아블라 우스뗏 잉글레스

네, 조금 할 줄 압니다.
Sí un poquito.
시 운 뽀끼또

좀 천천히 말해 주세요.
Por favor, hable más despacio.
뽀르 파보르 아블레 마스 데스빠씨오

이해하시겠어요?
¿Entiende usted?
엔띠엔데 우스뗏

모르겠는데요.
No entiendo.
노 엔띠엔도

기다려 주세요.
Espéreme, por favor.
에스뻬레메 뽀르 파보르

언제 돌아오세요?
¿Cuándo volverá? / ¿Cuándo regresará?
꾸안도 볼베라   꾸안도 레그레사라

누구세요?
¿Quién es?
끼에네스

들어오세요.
Adelante. / Entre.
아델란떼   엔뜨레

앉으세요.
Siéntese, por favor.
시엔떼세 뽀르 파보르

자주 하는 질문과 대답(3)

mp3 020

Capítulo 1

기본표현

여기가 어디죠?
¿Dónde estoy?
돈데 에스또이

이 거리 이름은 무엇입니까?
¿Cuál es el nombre de esta calle?
꾸알레스 엘 놈브레 데 에스따 까예

한국 대사관은 어디 있습니까?
¿Dónde está la Embajada de Corea del Sur?
돈데스따 라 엠바하다 데 꼬레아 델 수르

공원은 어디 있습니까?
¿Dónde está el parque?
돈데스따 엘 빠르께

이 근처에 식료품점이 있습니까?
¿Hay una tienda de comestibles cerca de aquí?
아이 우나 띠엔다 데 꼬메스띠블레스 쎄르까 데 아끼

남쪽으로 가는 길이 어느 길입니까?
¿Cuál es el camino hacia el sur?
꾸알레스 엘 까미노 아씨아 엘 수르

왼쪽(오른쪽)으로 가세요.
Tome la izquierda(derecha).
또메 라 이쓰끼에르다(데레차)

계속 앞으로 가세요.
Siga derecho.
시가 데레초

길을 잃었습니다.
Estoy perdido(a)
에스또이 뻬르디도(다)

적어 주세요.
Escríbalo, por favor.
에스끄리발로 뽀르 파보르

가족

할아버지	el abuelo	엘 아부엘로
할머니	la abuela	라 아부엘라
아버지	el padre	엘 빠드레
어머니	la madre	라 마드레
남편	el marido, el esposo	엘 마리도, 엘 에스뽀소
아내	la mujer, la esposa	라 무헤르, 라 에스뽀사
아들	el hijo	엘 이호
딸	la hija	라 이하
형제	el hermano	엘 에르마노
자매	la hermana	라 에르마나
형(오빠)	el hermano mayor	엘 에르마노 마요르
누나(언니)	la hermana mayor	라 에르마나 마요르
남동생	el hermano menor	엘 에르마노 메노르
여동생	la hermana menor	라 에르마나 메노르
사촌	el primo	엘 쁘리모
조카	el sobrino	엘 소브리노
삼촌(외삼촌)	el tío	엘 띠오
고모(이모)	la tía	라 띠아
장인(시아버지)	el suegro	엘 수에그로
장모(시어머니)	la suegra	라 수에그라
며느리	la nuera	라 우에라
사위	el yerno	엘 예르노

64

단어만 말해도 뜻은 통한다!

| 손자 | el nieto | 엘 니에또 |
| 손녀 | la nieta | 라 니에따 |

직업		
간호사	el enfermero	엘 엠뻬르메로
건축가	el arquitector	엘 아르끼떽또르
경찰관	el policía	엘 뽈리씨아
공무원	el funcionario público	엘 풍씨오나리오 뿌블리꼬
과학자	el científico	엘 씨엔띠피꼬
교수	el profesor	엘 쁘로페소르
군인	el militar	엘 밀리따르
기술자	el técnico	엘 떼끄니꼬
농부	el agricultor	엘 아그리꿀또르
변호사	el abogado	엘 아보가도
사무원	el oficinista	엘 오피시니스따
상인	el comerciante	엘 꼬메르씨안떼
수입업자	el importador	엘 임뽀르따도르
신문기자	el periodista	엘 뻬리오디스따
요리사	el cocinero	엘 꼬씨네로
음악가	el músico	엘 무시꼬
의사	el médico	엘 메디꼬
작가	el escritor	엘 에스끄리또르
화가	el pintor	엘 삔또르

기본표현 필수단어

Capítulo 1

기본표현 단어

인품과 성격		
과묵한	silencioso(a)	실렝씨오소(사)
관대한	generoso(a)	헤네로소(사)
꼼꼼한	organizado(a)	오르가니싸도(다)
낙관적인	optimista	옵띠미스따
냉담한	frío(a)	프리오(아)
말이 없는	callado(a)	까야도(다)
밝은	alegre	알레그레
불굴의	inflexible	인플렉시블레
사교적인	sociable	소씨아블레
상냥한	generoso(a)	헤네로소(사)
성실한	honrado(a)	온라도(다)
소심한	tímido(a)	띠미도(다)
수다스런	hablador, habladora	아블라도르, 아블라도라
신용할 수 있는	confiable	꼰피아블레
신중한	discreto(a)	디스끄레또(따)
싹싹한	amistoso(a)	아미스또소(사)
온화한	manso(a)	만소(사)
완고한	duro(a)	두로(라)
의지가 되는	confiable	꼰피아블레
이기적인	egoísta	에고이스따
적극적인	agresivo(a)	아그레시보(바)
조용한	tranquilo(a)	뜨란낄로(라)

66

단어만 말해도 뜻은 통한다!

진지한	serio(a)	세리오(아)
책임감이 있는	responsible	레스뽄시블레
친절한	amable	아마블레
헤픈	malgastador de dinero	말가스따도르 데 디네로

계절

봄	la primavera	라 쁘리마베라
여름	el verano	엘 베라노
가을	el otoño	엘 오또뇨
겨울	el invierno	엘 임비에르노

요일

일요일	domingo	도밍고
월요일	lunes	루네스
화요일	martes	마르떼스
수요일	miércoles	미에르꼴레스
목요일	jueves	후에베스
금요일	viernes	비에르네스
토요일	sábado	사바도

월

1월	enero	에네로
2월	febrero	페브레로
3월	marzo	마르쏘
4월	abril	아브릴
5월	mayo	마요
6월	junio	후니오
7월	julio	훌리오
8월	agosto	아고스또
9월	septiembre	셉띠엠브레
10월	octubre	옥뚜브레
11월	noviembre	노비엠브레
12월	diciembre	디씨엠브레

날짜

연	el año	엘 아뇨
월	el mes	엘 메스
날짜	la fecha	라 페차
7월 5일	el día cinco de julio	엘 디아 씽꼬 데 훌리오
그저께	anteayer	안떼아예르
어제	ayer	아예르
오늘	hoy	오이

단어만 말해도 뜻은 통한다!

내일	mañana	마냐나
모레	pasado mañana	빠사도 마냐나
지난 주	la semana pasada	라 세마나 빠사다
이번 주	esta semana	에스따 세마나
다음 주	la semana próxima	라 세마나 쁘록시마
평일	día laborable	디아 라보라블레
주말	el fin de semana	엘 펀 데 세마나
초순에	al principios de	알 쁘링씨삐오스 데
중순에	al mediados de	알 메디아도스 데
하순에	a finales de	아 피날레스 데
작년	el año pasado	엘 아뇨 빠사도
올해	este año	에스떼 아뇨
내년	el año próximo	엘 아뇨 쁘록시모

시간

시간	la hora	라 오라
분	el minuto	엘 미누또
초	el segundo	엘 세군도
1시간	una hora	우나 오라
~시	la ~, las ~	라 ~, 라스~
1시	la una	라 우나
7시	las siete	라스 시에떼

Capítulo 1

단어

69

15분	y cuarto	이 꾸아르또
~시 반	y media	이 메디아
~분 전	menos ~ minuto	메노스 ~미누또
2시 5분	las dos y cinco	라스 도스 이 씽꼬
9시 15분	las nueve y cuarto	라스 누에베 이 꾸아르또
8시 반	las ocho y media	라스 오초 이 메디아
8시 45분	las ocho menos cuarto	라스 오초 메노스 꾸아르또
아침	la mañana	라 마냐나
밤	la noche	라 노체
정오	el mediodía	엘 메디오디아
자정	la medianoche	라 메디아노체
오전에	por la mañana	뽀르 라 마냐나
오후에	por la tarde	뽀르 라 따르데
지금	ahora	아오라
~동안	durante ~	두란떼
후에	luego	루에고
전에	antes	안떼스
~까지	hasta ~	아스따
~부터	desde ~	데스데
~안에	dentro de ~	덴뜨로 데

수(기수)

0	cero	쎄로
1	uno	우노
2	dos	도스
3	tres	뜨레스
4	cuatro	꾸아뜨로
5	cinco	씽꼬
6	seis	세이스
7	siete	시에떼
8	ocho	오초
9	nueve	누에베
10	diez	디에쓰
11	once	온쎄
12	doce	도쎄
13	trece	뜨레쎄
14	catorce	까또르쎄
15	quince	낀쎄
16	dieciséis	디에씨세이스
17	diecisiete	디에씨시에떼
18	dieciocho	디에씨오초
19	diecinueve	디에씨누에베
20	veinte	베인떼
21	veintiuno	베인띠우노

30	treinta	뜨레인따
31	treinta y uno	뜨레인따 이 우노
40	cuarenta	꾸아렌따
50	cincuenta	씽꾸엔따
60	sesenta	세센따
70	setenta	세뗀따
80	ochenta	오첸따
90	noventa	노벤따
100	cien / ciento	씨엔 / 씨엔또
200	doscientos	도씨엔또스
300	trescientos	뜨레씨엔또스
400	cuatrocientos	꾸아뜨로씨엔또스
500	quinientos	끼니엔또스
1,000	mil	밀
10,000	diez mil	디에쓰 밀
100,000	cien mil	씨엔 밀
1,000,000	un millón	운 밀욘

단어만 말해도 뜻은 통한다!

수(서수)

첫 번째	primero	쁘리메로
두 번째	segundo	세군도
세 번째	tercero	떼르쎄로
네 번째	cuarto	꾸아르또
다섯 번째	quinto	낀또
여섯 번째	sexto	섹스또
일곱 번째	séptimo	셉띠모
여덟 번째	octavo	옥따보
아홉 번째	noveno	노베노
열 번째	décimo	데씨모
열한 번째	undécimo	운데씨모
열두 번째	duodécimo	두오데씨모
열세 번째	decimotercero	데씨모떼르쎄로
열네 번째	decimocuarto	데씨모꾸아뜨로
열다섯 번째	decimoquinto	데씨모낀또
열여섯 번째	decimosexto	데씨모섹스또
열일곱 번째	decimoséptimo	데씨모셉띠모
열여덟 번째	decimoctavo	데씨모끄따보
열아홉 번째	decimonoveno	데씨모노베노
스무 번째	vigésimo	비헤시모
스물한 번째	vigésimo primero	비헤시모 쁘리메로
서른 번째	trigésimo	뜨리헤시모

수(배수)

2배	doble	도블레
3배	triple	뜨리쁠레
반	un medio	운 메디오
4분의 1	un cuarto	운 꾸아르또

방향과 위치

여기	aquí	아끼
저기	allí	아이
거기	ahí	아이
동	el este	엘 에스떼
서	el oeste	엘 오에스떼
남	el sur	엘 수르
북	el norte	엘 노르떼
오른쪽	la derecha	라 데레차
오른쪽으로	a la derecha	아 라 데레차
왼쪽	la izquierda	라 이쓰끼에르다
왼쪽으로	a la izquierda	아 라 이쓰끼에르다
정면	el frente	엘 프렌떼
곧장	derecho	데레초
길을 따라	a lo largo de la calle	알 로 라르고 데 라 까예
위로	arriba	아리바

아래로	debajo	데바호
안으로	dentro	덴뜨로
위에	encima	엥씨마
뒤에	detrás	데뜨라스
옆에	al lado	알 라도
아래에	abajo	아바호
~에서	de ~	데 ~
~까지	hasta ~	아스따 ~
~와 ~사이	entre ~ y ~	엔뜨레 ~ 이 ~
~을 향하여	para ~	빠라 ~

Capítulo 1

기본표현 단어

Capítulo 2

비행기 여행

간단한 한마디

이걸 기내에 갖고 탈 수 있어요?

¿Puedo llevarlo en el avión?
뿌에도 예바를로 에넬 아비온

몇 시에 탑승하죠?

¿A qué hora embarcamos?
아 께 오라 엠바르까모스

항공권 구입

항공권을 예약하고 싶습니다.
Quisiera hacer una reserva de avión.
끼시에라 아쎄르 우나 레세르바 데 아비온

마드리드로 가는 항공편 예약을 부탁합니다.
Quiero reservar un vuelo a Madrid.
끼에로 레세르바르 운 부엘로 아 마드릿

8월 5일 마요르카 섬까지 부탁합니다.
Un billete a Mayorca para el día 5 de agosto.
운 비예떼 아 마요르까 빠라 엘 디아 씽꼬 데 아고스또

7월 10일 마드리드 행 할인항공권 주세요.
Quiero un billete de avión de descuento a Madrid alrededor de 10 de julio.
끼에로 운 비예떼 데 아비온 데 데스꾸엔또 아 마드릿 알레데도르 데 디에쓰 데 훌리오

왕복으로 부탁합니다.
Por favor, un billete de ida y vuelta.
뽀르 파보르 운 비예떼 데 이다 이 부엘따

편도로 부탁합니다.
Por favor, un billete solamente de ida.
뽀르 파보르 운 비예떼 솔라멘떼 데 이다

무슨 항공사입니까?
¿Cuál es la compañía aérea?
꾸알레스 라 꼼빠니아 아에레아

대기자 명단에 올려 주세요.
Por favor, ¿me pone en la lista de espera?
뽀르 파보르 메 뽀네 엔 라 리스따 데 에스뻬라

항공사는 어디라도 괜찮아요.
Puede ser cualquier compañía aérea.
뿌에데 세르 꾸알끼에르 꼼빠니아 아에레아

몇 시에 체크인 해야 합니까?
¿A qué hora tengo que registrarme?
아 께 오라 뗑고 께 레히스뜨라르메

대한항공 카운터는 어디 있습니까?
¿Dónde está el mostrador de Korean Air?
돈데스따 엘 모스뜨라도르 데 꼬레안 아이르

창가석으로 부탁합니다.
Por favor, quiero una plaza en el lado de la ventana.
뽀르 파보르 끼에로 우나 쁠라싸 에넬 라도 데 라 벤따나

통로석으로 부탁합니다.
Por favor, quiero una plaza en el lado del pasillo.
뽀르 파보르 끼에로 우나 쁠라싸 에넬 라도 델 빠시요

짐이 없습니다.
¡No encuentro mi equipaje!
노 엔꾸엔뜨로 미 에끼빠헤

탑승은 몇 시입니까?
¿A qué hora embarcamos?
아 께 오라 엠바르까모스

몇 번 탑승구입니까?
¿Cuál es el número de puerta?
꾸알레스 엘 누메로 데 뿌에르따

H20 탑승구가 어디 있습니까?
¿Dónde está la puerta H20?
돈데스따 라 뿌에르따 아체 베인떼

이 가방에는 깨지기 쉬운 물건이 들어 있어요.
Por favor, tenga cuidado con este equipaje ya que contiene artículos frágiles.
뽀르 파보르 뗑가 꾸이다도 꼰 에스떼 에끼빠헤 야 께 꼰띠에네 아르띠꿀로스 프라힐레스

이것을 기내로 갖고 갈 수 있습니까?
¿Puedo llevarlo en el avión?
뿌에도 예바를로 에넬 아비온

공항세를 내야 합니까?
¿Hay que pagar la tasa del aeropuerto?
아이 께 빠가르 라 따사 델 아에로뿌에르또

mp3 **023**

좌석번호는 38G입니다.

El número de mi asiento es 38G.

엘 누메로 데 미 아시엔또 에스 뜨레인따 이 오초 헤

금연석으로 빈 좌석이 있습니까?

¿Hay asiento no fumador libre?

아이 아시엔또 노 푸마도르 리브레

베개와 담요 주세요.

Déme almohada y manta, por favor.

데메 알모아다 이 만따 뽀르 파보르

오렌지주스 주세요.

Zumo de naranja, por favor.

쑤모 데 나랑하 뽀르 파보르

읽을 것 좀 주세요.

Déme algo para leer, por favor.

데메 알고 빠라 레에르 뽀르 파보르

무료입니까?
¿Es gratis?
에스 그라띠스

한 잔 더 주세요.
Otro más, por favor.
오뜨로 마스 뽀르 파보르

마드리드까지 얼마나 걸립니까?
¿Cuánto tiempo nos falta a Madrid?
꾸안또 띠엠뽀 노스 팔따 아 마드릿

자리를 바꿔도 되겠습니까?
¿Podría cambiar el asiento?
뽀드리아 깜비아르 엘 아시엔또

몸이 안 좋아요.
Estoy indispuesto(a).
에스또이 인디스뿌에스또(따)

환승

mp3 **024**

Capítulo 2

비행기 여행

(항공권을 가리키며) 이 비행기로 환승하려고요.
Quiero tomar este vuelo.
끼에로 또마르 에스떼 부엘로

환승카운터는 어디 있습니까?
¿Dónde está el mostrador de tránsito?
돈데스따 엘 모스뜨라도르 데 뜨란시또

이베리아 항공 카운터는 어디입니까?
¿Dónde está el mostrador de Iberia?
돈데스따 엘 모스뜨라도르 데 이베리아

환승시간은 얼마나 되나요?
¿Cuánto tiempo debo permanecer en el aeropuerto?
꾸안또 띠엠뽀 데보 뻬르마네쎄르 에넬 아에로뿌에르또

탑승시간은 몇 시입니까?
¿A qué hora embarcamos?
아 께 오라 엠바르까모스

84

탑승구는 몇 번입니까?
¿Cúal es el número de puerta?
꾸알레스 엘 누메로 데 뿌에르따

S30번 탑승구는 어디입니까?
¿Dónde está la puerta S30?
돈데스따 라 뿌에르따 에세 뜨레인따

기내에 있어도 됩니까?
¿Puedo quedarme en el avión?
뿌에도 께다르메 에넬 아비온

가방을 비행기 안에 두어도 됩니까?
¿Puedo dejar mi equipaje en el avión?
뿌에도 데하르 미 에끼빠헤 에넬 아비온

다음 편을 알아봐 주세요.
¿Podría reservarme el siguiente vuelo?
뽀드리아 레세르바르메 엘 시기엔떼 부엘로

mp3 **025**

여보세요, 이베리아 항공입니까?
Oiga, ¿Aerolínea Iberia?
오이가 아에로리네아 이베리아

예약재확인을 부탁합니다.
Quisiera reconfirmar mi vuelo.
끼시에라 레꼰피르마르 미 부엘로

무슨 편입니까?
¿Cuál es el número de vuelo?
꾸알레스 엘 누메로 데 부엘로

5월 10일 토요일 서울까지입니다.
A Seúl, 10 de mayo, sábado.
아 세울 디에쓰 데 마요 사바도

당신의 이름을 말해 주시겠어요?
¿Cómo se llama?
꼬모 세 야마

제 이름은 김인수입니다.
Me llamo In-su Kim.
메 야모 인수 낌

제 이름이 명단에 있습니까?
¿Aparece mi nombre en la lista?
아빠레쎄 미 놈브레 엔 라 리스따

재확인했습니다.
Sí, está confirmado.
시 에스따 꼰피르마도

몇 시에 체크인해야 합니까?
¿A qué hora tengo que registrarme?
아 께 오라 뗑고 께 레히스뜨랄메

출발시간을 확인하고 싶습니다.
Quisiera confirmar la hora de salida.
끼시에라 꼰피르마르 라 오라 데 살리다

비행기 여행 필수단어

경유	la via	라 비아
공항	el aeropuerto	엘 아에로뿌에르또
공항세	el impuesto de aeropuerto	엘 임뿌에스또 데 아에로뿌에르또
구명재킷	el chaleco salvavidas	엘 찰레꼬 살바비다스
국내선	la línea nacional(doméstica)	라 리네아 나씨오날(도메스띠까)
국제선	la línea internacional	라 리네아 인떼르나씨오날
그림엽서	el postal	엘 뽀스딸
금연석	el asiento no fumador	엘 아시엔또 노 푸마도르
기장	el capitán	엘 까삐딴
기항횟수	las escalas	라스 에스깔라스
끝나다	terminar, acabar	떼르미나르, 아까바르
날개	el ala	엘 알라
녹차	el té verde	엘 떼 베르데
늦어지다	retraso	레뜨라소
담요	la manta	라 만따
대기자 명부	la lista de espera	라 리스따 데 에스뻬라
도착	la llegada	라 예가다
도착지(목적지)	el destino	엘 데스띠노
도착하다	llegar	예가르
레드와인	el vino tinto	엘 비노 띤또
매일	diario	디아리오

맥주	la cerveza	라 쎄르베싸
멀미봉지	la bolsa de etiqueta	라 볼사 데 에띠께따
무료로	gratis, gratuito	그라띠스, 그라뚜이또
물	el agua	엘 아구아
방송	el anuncio	엘 아눈씨오
베개	la almohada	라 알모아다
변경하다	cambiar	깜비아르
봉투	el sobre	엘 소브레
분유	la leche en polvo	라 레체 엔 뽈보
비상구	la salida de emergencia	라 살리다 데 에메르헨씨아
비어 있는	vacante, libre	바깐떼, 리브레
비즈니스 석	la clase business	라 끌라세 비스네스
사과주스	el zumo de manzana	엘 쑤모 데 만싸나
사무장	el sobrecargo del avión	엘 소브레까르고 델 아비온
사용 중인	ocupado	오꾸빠도
산소마스크	la máscara de oxígeno	라 마스까라 데 옥시헤노
생리대	la compresa	라 꼼쁘레사
서비스	el servicio	엘 세르비씨오
수하물	el equipaje de mano	엘 에끼빠헤 데 마노

수하물표	el talón de equipaje clase	엘 딸론 데 에끼빠헤 끌라세
승객	el pasajero	엘 빠사헤로
승무원	el tripulante	엘 뜨리뿔란떼
시간표	el horario	엘 오라리오
시차	la diferencia de horas	라 디페렌씨아 데 오라스
신문	el periódico	엘 뻬리오디꼬
안개	la niebla	라 니에블라
여권	el pasaporte	엘 빠사뽀르떼
여행가방(트렁크)	la maleta	라 말레따
연결	la conexión	라 꼬넥시온
예약	la reserva	라 레세르바
예약대기	~ en la lista de espera	~ 엔 라 리스따 데 에스뻬라
왕복	ida y vuelta	이다 이 부엘따
우유병	el biberón, la mamadera	엘 비베론, 라 마마데라
운임	la tarifa, la precio de billete	라 따리파, 라 쁘레씨오 데 비에떼
유모차	el coche-cuna	엘 꼬체 꾸나
유효기간	la validez	라 발리데쓰
이륙	el despegue	엘 데스뻬게

이유식	el régimen del niño destetado	엘 레히멘 델 니뇨 데스떼따도
인환증	el talón	엘 딸론
일반석	la clase turista	라 끌라세 뚜리스따
일회용기저귀	el pañal de papel	엘 빠냘 데 빠뻴
임시편	el vuelo extraordinario	엘 부엘로 에스뜨라오르디나리오
잡지	la revista	라 레비스따
장난감	el juguete	엘 후게떼
재확인하다	confirmar	꼰피르마르
전세편	el vuelo fletado	엘 부엘로 프레따도
정기편	el vuelo regular	엘 부엘로 레굴라르
젖은	mojado	모하도
좌석	el asiento	엘 아시엔또
직행의	directo	디렉또
착륙	el aterrizaje	엘 아떼리싸헤
창가석	el asiento del lado de la ventana	엘 아시엔또 델 라도 데 라 벤따나
초과수하물	el exceso de equipaje	엘 에쎄소 데 에끼빠헤
최종 탑승시간	la hora limite	라 오라 리미떼
출발	la salida, la partida	라 살리다, 라 빠르띠다
출발하다	salir, partir	살리르, 빠르띠르

취소요금	el importe de cancelación	엘 임뽀르떼 데 깡쎌라씨온
취소하다	cancelar, anular	깡쎌라르, 아눌라르
커피	el café	엘 까페
클래스	la clase	라 끌라세
탑승구	la puerta	라 뿌에르따
탑승구 번호	el número de la puerta	엘 누메로 데 라 뿌에르따
탑승권	la tarjeta de embarque	라 따르헤따 데 엠바르께
토마토주스	el zumo de tomate	엘 쑤모 데 또마떼
통로석	el asiento del lado de pasillo	엘 아시엔또 델 라도 데 빠시요
트럼프	la baraja	라 바라하
편도	la ida	라 이다
편명	el vuelo	엘 부엘로
편지지	el papel de cartas	엘 빠뻴 데 까르따스
하물	el equipaje	엘 에끼빠헤
항공사	la compañía aérea	라 꼼빠니아 아에레아
항공운임	la tarifa aérea	라 따리파 아에레아
항공편명	el número de vuelo	엘 누메로 데 부엘로
현지시간	la hora local	라 오라 로깔
홍차	el té	엘 떼

# 단어만 말해도 뜻은 통한다!

화이트와인	el vino blanco	엘 비노 블랑꼬
화장실	los servicios,	로스 세르비씨오스,
	el lavatorio aseo	엘 라바또리오 아세오
환불	el reembolso	엘 레엠볼소
횟수	la frecuencia	라 프레꾸엔씨아
흡연석	el asiento fumador	엘 아시엔또 푸마도르

Capítulo 3

도착과 이동

간단한 한마디

신고할 것은 없습니다.

> **No tengo nada que declarar.**
> 노 뗑고 나다 께 데끌라라르

시내로 어떻게 갈 수 있습니까?

> **¿Cómo puedo ir al centro?**
> 꼬모 뿌에도 이르 알 쎈뜨로

*mp3 **026***

마드리드에 며칠 체재하실 겁니까?
¿Cuánto tiempo va a quedar en Madrid?
꾸안또 띠엠뽀 바 아 께달 엔 마드릿

한 달 정도입니다.
Un mes, más o menos.
운 메스 마스 오 메노스

방문목적은 무엇입니까?
¿Cuál es su motivo de viaje?
꾸알레스 수 모띠보 데 비아헤

관광입니다.
Turismo.
뚜리스모

결혼하셨습니까?
¿Está casado(a)?
에스따 까사도(다)

직업은 무엇입니까?
¿Cuál es su ocupación?
꾸알레스 수 오꾸빠씨온

마드리드에서는 어디에 묵으실 예정입니까?
¿Dónde va a quedarse en Madrid?
돈데 바 아 께다르쎄 엔 마드릿

줄리아호텔입니다.
En el Hotel Julia.
에넬 오뗄 훌리아

돈은 얼마나 갖고 계십니까?
¿Cuánto dinero tiene?
꾸안또 디네로 띠에네

귀국 항공권은 있습니까?
¿Tiene billete de vuelta?
띠에네 비예떼 데 부엘따

Capítulo 3

도착과 이동

수하물 찾기

mp3 **027**

어디서 짐을 찾을 수 있습니까?
¿Dónde puedo recibir mi equipaje?
돈데 뿌에도 레씨비르 미 에끼빠헤

916편을 탔습니다.
Es el vuelo 916.
에스 엘 부엘로 노베씨엔또디에씨세이스

아래층(위층)입니다.
El piso abajo(arriba).
엘 삐소 아바호(아리바)

107편 짐이 나왔습니까?
¿Ha llegado ya el equipaje del vuelo 107?
아 예가도 야 엘 에끼빠헤 델 부엘로 씨엔또씨에떼

이베리아항공 카운터는 어디 있습니까?
¿Dónde está el mostrador de Iberia?
돈데스따 엘 모스뜨라도르 데 이베리아

내 여행 가방이 없어졌어요.
¡Se me ha perdido mi equipaje!
세 메 아 뻬르디도 미 에끼빠헤

내 짐을 찾아 주세요.
¿Me busca mi equipaje?
메 부스까 미 에끼빠헤

이것이 내 수하물보관증입니다.
Es mi talón de equipaje.
에스 미 딸론 데 에끼빠헤

(주소를 쓴 종이를 보이며) 여기로 짐을 보내주세요.
Mándeme el equipaje aquí, por favor.
만데메 엘 에끼빠헤 아끼 뽀르 파보르

내용물은 무엇입니까?
¿Qué hay dentro?
께 아이 덴뜨로

mp3 **028**

신고할 것이 있습니까?
¿Tiene algo que declarar?
띠에네 알고 께 데끌라라르

아뇨, 없습니다.
No, nada.
노 나다

일상용품뿐입니다.
Nada más que efectos personales.
나다 마스 께 에펙또스 뻬르소날레스

신고할 것은 없습니다.
No tengo nada que declarar.
노 뗑고 나다 께 데끌라라르

이것들은 뭡니까?
¿Qué son estos?
께 손 에스또스

친구들에게 줄 선물입니다.
Son regalos para mis amigos.
손 레갈로스 빠라 미스 아미고스

위스키를 한 병 갖고 있습니다.
Tengo una botella de whisky.
뗑고 우나 보떼야 데 위스끼

세금을 내야 합니까?
¿Tengo que pagar impuestos?
뗑고 께 빠가르 임뿌에스또스

이것의 세금은 얼마입니까?
¿Cuánto debo pagar de tasa?
꾸안또 데보 빠가르 데 따사

그 영수증을 주시겠어요?
¿Podría darme el recibo?
뽀드리아 다르메 엘 레씨보

mp3 **029**

시내로 어떻게 갈 수 있습니까?
¿Cómo puedo ir al centro?
꼬모 뿌에도 이르 알 쎈뜨로

아토차 역은 어디 있습니까?
¿Dónde está la estación de Atocha?
돈데스따 라 에스따씨온 데 아또차

대중교통 노선도 있습니까?
¿Tiene un mapa de transporte público?
띠에네 운 마빠 데 뜨란스뽀르떼 뿌블리꼬

시내지도 주시겠어요?
¿Podría darme un plano de ciudad?
뽀드리아 다르메 운 쁠라노 데 씨우닷

관광버스 안내서 있습니까?
¿Tiene folleto del autobús de turismo?
띠에네 포예또 델 아우또부스 데 뚜리스모

재미있는 장소를 가르쳐 주시겠어요?
¿Podría enseñarme los sitios interesantes?
뽀드리아 엔세냐르메 로스 시띠오스 인떼레산떼스

이 지도에 그곳을 표시해 주세요.
Marque en este plano.
마르께 에네스떼 쁠라노

박물관 휴관일은 언제입니까?
¿Qué día está cerrado el múseo?
께 디아 에스따 쎄라도 엘 무세오

몇 시에 열어서 몇 시에 닫습니까?
¿A qué hora se abre y se cierra?
아 께 오라 세 아브레 이 세 씨에라

여기서 예약을 할 수 있습니까?
¿Puedo reservar aquí?
뿌에도 레세르바르 아끼

환전

어디서 환전을 할 수 있습니까?
¿Dónde puedo cambiar dinero?
돈데 뿌에도 깜비아르 디네로

환전을 부탁합니다.
¡Cambio, por favor!
깜비오 뽀르 파보르

백 유로짜리로 10장 주세요.
Déme diez billetes de 100 euros, por favor.
데메 디에쓰 비예떼스 데 씨엔또 에우로스 뽀르 파보르

잔돈도 섞어주세요.
Con cambios, por favor.
꼰 깜비오스 뽀르 파보르

이것을 잔돈으로 바꿔 주세요.
Monedas sueltas, por favor.
모네다스 수엘따스 뽀르 파보르

Capítulo 3

도착과 이동

일요일에 여는 은행이 있습니까?
¿Hay algún banco abierto los domingos?
아이 알군 방꼬 아비에르또 로스 도밍고스

은행은 몇 시까지 엽니까?
¿Hasta qué hora están abiertos los bancos?
아스따 께 오라 에스딴 아비에르또스 로스 방꼬스

환율이 어떻게 되나요?
¿A cómo está el cambio?
아 꼬모 에스따 엘 깜비오

여기 서명을 해 주세요.
Firme aquí, por favor.
피르메 아끼 뽀르 파보르

영수증을 주세요.
El recibo, por favor.
엘 레씨보 뽀르 파보르

mp3 **031**

아스토리아 호텔로 갑니까?
¿Al Hotel Astoria?
알 오뗄 아스또리아

아스토리아 호텔 근처에 정차합니까?
¿Para cerca del Hotel Astoria?
빠라 쎄르까 델 오뗄 아스또리아

아스토리아 호텔에 가장 가까운 정류장은 어디입니까?
¿Cuál es la parada más cerca del Hotel Astoria?
꾸알레스 라 빠라다 마스 쎄르까 델 오뗄 아스또리아

아스토리아 호텔까지 몇 정거장입니까?
¿Cuántas paradas hasta el Hotel Astoria?
꾸안따스 빠라다스 아스따 엘 오뗄 아스또리아

어디서 표를 살 수 있습니까?
¿Dónde se vende el billete?
돈데 세 벤데 엘 비예떼

거기 어떻게 가는지 가르쳐 주세요.
¿Podría decirme el camino?
뽀드리아 데씨르메 엘 까미노

요금은 얼마입니까?
¿Cuánto cuesta?
꾸안또 꾸에스따

아스토리아 호텔에 도착하면 알려 주시겠어요?
Dígame cuando llegamos al Hotel Astoria.
디가메 꾸안도 예가모스 알 오뗄 아스또리아

시내로 가는 대중교통이 있습니까?
¿Hay algún transporte público al centro?
아이 알군 뜨란스뽀르떼 뿌블리꼬 알 쎈뜨로

15분마다 버스가 있습니다.
Hay autobús cada cuarto horas.
아이 아우또부스 까다 꾸아르또 오라스

시내로 가는 버스정류장은 어디입니까?
¿Dónde está la parada del autobús al centro?
돈데스따 라 빠라다 델 아우또부스 알 쎈뜨로

아스토리아 호텔로 가려는데요.
Voy al Hotel Astoria.
보이 알 오뗄 아스또리아

시내까지 얼마입니까?
¿Cuánto cuesta al centro?
꾸안또 꾸에스따 알 쎈뜨로

어디서 내려야 합니까?
¿Dónde tengo que bajar?
돈데 뗑고 께 바하르

여기서 내리고 싶어요.
Quiero bajar aquí.
끼에로 바하르 아끼

버스를 잘못 탔어요.
Me he equivocado de linea.
메 에 에끼보까도 데 리네아

(메모지를 보이며) 여기로 가 주세요.
Aquí, por favor.
아끼 뽀르 파보르

아스토리아 호텔로 가 주세요.
Al Hotel Astoria, por favor.
알 오뗄 아스또리아 뽀르 파보르

기사님, 저기(여기) 세워 주세요.
Chofer, ¿puede parar allí(aquí)?
초페르 뿌에데 빠라르 아이(아끼)

얼마입니까?
¿Cuánto es?
꾸안또 에스

개인	el individuo	엘 인디비두오
거주자	el residente	엘 레시덴떼
검역	la cuarentena	라 꾸아렌떼나
공중전화	el teléfono público	엘 뗄레포노 뿌블리꼬
공항버스	el autobús de aeropuerto	엘 아우또부스 데 아에로뿌에르또
과일	la fruta	라 프루따
관광안내소	la oficina de turismo	라 오피씨나 데 뚜리스모
국내선 터미널	la terminal nacional	라 떼르미날 나씨오날
국적	la nacionalidad	라 나씨오날리닷
국제선 터미널	la terminal internacional	라 떼르미날 인떼르나씨오날
귀중품	el objeto de valor	엘 오브헤또 데 발로르
김	la alga	라 알가
남편	el marido	엘 마리도
단체	el grupo	엘 그루뽀
담배	el tabaco, el cigarrillo	엘 따바꼬, 엘 씨가리요
대기시간	la hora de espera	라 오라 데 에스뻬라
대합실	la sala(zona) de espera	라 살라(쏘나) 데 에스뻬라
도착로비	el salón de llegada	엘 살론 데 예가다
도착지(목적지)	el destino	엘 데스띠노
렌터카	el alquiler de coches	엘 알낄레르 데 꼬체스

면세점	la tienda libre de impuestos	라 띠엔다 리브레 데 임뿌에스또스
목적	el motivo, el objeto	엘 모띠보, 엘 오브헤또
반입금지품	los objetos prohibidos	로스 오브헤또스 쁘로이비도스
발권사무소	el puestos de oficinas aéreas	엘 뿌에스또스 데 오피씨나스 아에레아스
방문자	el visitante	엘 비시딴떼
배송하다	distribuir	디스뜨리부이르
버스승차장	la parada de autobús	라 빠라다 데 아우또부스
별송수하물	el equipaje por separado	엘 에끼빠헤 뽀르 세빠라도
보안검사	la confirmación de seguridad	라 꼰피르마씨온 데 세구리닷
부부	marido y mujer	마리도 이 무헤르
분실물취급소	la reclamación de equipajes	라 레끌라마씨온 데 에끼빠헤스
비거주자	el no-residente	엘 노 레시덴떼
비자	la visa	라 비사
비행편	el vuelo	엘 부엘로
비행편명	el número de vuelo	엘 누메로 데 부엘로
생년월일	la fecha de nacimiento	라 페차 데 나씨미엔또

Capítulo 3

단어

서명	la firma	라 피르마
성(姓)	el apellido	엘 아뻬이도
성별	el sexo	엘 섹소
세관	la aduana	라 아두아나
세관신고서	la declaración de aduanas	라 데끌라라씨온 데 아두아나스
수하물 사고신고서	el parte de irregularidad	엘 빠르떼 데 이레굴라리닷
수하물 인환증	el talón de equipaje	엘 딸론 데 에끼빠헤
수하물 찾는 곳	la recogida de equipajes	라 레꼬히다 데 에끼빠헤스
술	el alcohol, los licores	엘 알꼴, 로스 리꼬레스
스페인	la España	라 에스빠냐
스페인의	español	에스빠뇰
시간표	el horario	엘 오라리오
시간표대로	como el horario	꼬모 엘 오라리오
식물	la planta, el vegetal	라 쁠란따, 엘 베헤딸
신고하다	declarar	데끌라라르
아내	la mujer	라 무헤르
여권	el pasaporte	엘 빠사뽀르떼
여권번호	el número de pasaporte	엘 누메로 데 빠사뽀르떼
여행자수표	el cheque de viaje	엘 체께 데 비아헤

연결편	la conexión de vuelos	라 꼬넥시온 데 부엘로스
외국인	el extranjero	엘 에스뜨랑헤로
	la extranjera	라 에스뜨랑헤라
은행	el banco	엘 방꼬
~의 주소	el domicilio de ~	엘 도미씰리오 데 ~
의복	la ropa,	라 로빠,
	el vestido, el traje	엘 베스띠도, 엘 뜨라헤
이름	el nombre	엘 놈브레
이유	la razón, el porqué	라 라쏜, 엘 뽀르께
일상용품	los efectos	로스 에펙또스
	personales	뻬르소날레스
임시주소	la dirección	라 디렉씨온 모멘따네아
	momentánea	
입국카드	la tarjeta de	라 따르헤따 데
	inmigración	임미그라씨온
입국하다	entrar, inmigrar	엔뜨라르, 임미그라르
잔돈	el suelto, el cambio	엘 수엘또, 엘 깜비오
전화	los teléfonos	로스 뗄레포노스
주소(연락처)	la dirección,	라 디렉씨온,
	el domicilio	엘 도미씰리오
직업	la profesión,	라 쁘로페시온
	la ocupación	라 오꾸빠씨온

Capítulo 3

도착과 이동 단어

도착과 이동 필수단어

체크인 카운터	facturación y entrega de equipajes	팍뚜라씨온 이 엔뜨레가 데 에끼빠헤스
최소 환승시간	el tiempo mínimo de transbordo	엘 띠엠뽀 미니모 데 뜨란스보르도
출구	la salida	라 살리다
출발라운지	las salas de preembarque	라스 살라스 데 쁘레엠바르께
출발로비	los salidas	로스 살리다스
출발시간	la hora de salida	라 오라 데 살리다
출발지	la procedencia	라 프로쎄덴씨아
출입국기록부	la ficha de embarcación y desembarcación	라 피차 데 엠바르까씨온 이 데셈바르까씨온
출입국심사	el control de pasaporte	엘 꼰뜨롤 데 빠사뽀르떼
친척	el pariente, la parienta	엘 빠리엔떼, 라 빠리엔따
카트	el carrito	엘 까리또
탑승지	el puerto de embarcación	엘 뿌에르또 데 엠바르까씨온
택시 승차장	la parada de taxi	라 빠라다 데 딱시
토산품	el recuerdo	엘 레꾸에르도

Capítulo 3

도착과 이동 단어

단어만 말해도 뜻은 통한다!

트랜짓(경유) 승객	los pasajeros con tránsito	로스 빠사헤로스 꼰 뜨란시또
트랜짓(경유) 카드	la tarjeta de tránsito	라 따르헤따 데 뜨란시또
하나도 없다	nada	나다
하물	el equipaje	엘 에끼빠헤
항공사	la compañía aérea	라 꼼빠니아 아에레아
항공사 카운터	el mostrador de la compañía aérea	엘 모스뜨라도르 데 라 꼼빠니아 아에레아
향수	el perfume	엘 뻬르푸메
현금	el dinero	엘 디네로
화장실	los aseos, el lavatorio	로스 아세오스, 엘 라바또리오
환승카운터	el mostrador de transbordo	엘 모스뜨라도르 데 뜨란스보르도
환율	la tasa de cambio	라 따사 데 깜비오
환전소	el cambio	엘 깜비오

Capítulo 3
공항과 이동 단어

115

Capítulo 4

숙박

간단한 한마디

하룻밤에 얼마입니까?

¿Cuánto cuesta una noche?
꾸안도 꾸에스따 우나 노체

방을 바꾸고 싶습니다.

Quisiera cambiar el cuarto.
끼시에라 깜비아르 엘 꾸아르또

호텔 예약

mp3 033

(예약사무소에서) 호텔을 예약해 주시겠어요?

¿Podría reservarme el hotel?

뽀드리아 레세르바르메 엘 오뗄

(예약사무소에서) 60유로 이내의 방을 찾고 있습니다.

Estoy buscando una habitación que cueste hasta 60 euros por la noche.

에스또이 부스깐도 우나 아비따씨온 께 꾸에스떼 아스따 세센따 에우로스 뽀르 라 노체

(예약사무소에서) 역 근처에 묵고 싶습니다.

Quiero alojarme cerca de la estación.

끼에로 알로하르메 쎄르까 데 라 에스따씨온

(예약사무소에서) 쇼핑하기 편리한 호텔을 찾고 있습니다.

Estoy buscando un hotel cerca de la área de compras.

에스또이 부스깐도 운 오뗄 쎄르까 데 라 아레아 데 꼼쁘라스

(예약사무소에서) 거기 어떻게 갑니까?
¿Cómo puedo ir allí?
꼬모 뿌에도 이르 아이

(전화로) 예약을 하고 싶습니다.
Quisiera reservar.
끼시에라 레세르바르

(전화로) 오늘과 내일 2박 예정입니다.
Pienso quedarme hoy y mañana, dos noches.
삐엔소 께다르메 오이 이 마냐나 도스 노체스

(전화로) 오늘밤 2인실이 있습니까?
¿Tiene habitación libre con dos camas esta noche?
띠에네 아비따씨온 리브레 꼰 도스 까마스 에스따 노체

(전화로) 하룻밤에 얼마입니까?
¿Cuánto cuesta una noche?
꾸안또 꾸에스따 우나 노체

호텔 예약 변경·취소

mp3 **034**

예약 변경은 언제까지 가능합니까?
¿Hasta cuándo puedo hacer un cambio?
아스따 꾸안도 뿌에도 아쎄르 운 깜비오

예약을 변경하고 싶습니다.
Quisiera cambiar mi reserva.
끼시에라 깜비아르 미 레세르바

7월 5일이 아니라 7월 8일로, 가능합니까?
No 5 de julio, sino 8 de julio, ¿vale?
노 씽꼬 데 훌리오 시노 오초 데 훌리오 발레

11월 6일부터를 11월 10일로 변경할 수 있습니까?
¿Podría cambiar el día 6 al día 10 de noviembre?
뽀드리아 깜비아르 엘 디아 세이스 알 디아 디에쓰 데 노비엠브레

사흘 더 묵고 싶습니다.
Quisiera quedar aquí 3 noches más.
끼시에라 께달 아끼 뜨레스 노체스 마스

예약을 취소하고 싶습니다.
Quisiera cancelar mi reserva.
끼시에라 깐쎌라르 미 레세르바

예약 취소는 언제까지 가능합니까?
¿Hasta cuándo puedo cancelar?
아스따 꾸안도 뿌에도 깐쎌라르

취소하면 취소요금을 내야 합니까?
¿Hay que pagar comisión para la cancelación?
아이 께 빠가르 꼬미시온 빠라 라 깐쎌라씨온

(방이 없을 경우) 다른 호텔을 추천해 주세요.
Recomiéndeme otro hotel, por favor.
레꼬미엔데메 오뜨로 오뗄 뽀르 파보르

(예약이 없을 때) 예약을 했어요. 다시 확인해 주세요.
Tengo un cuarto reservado. Verifique mi reserva otra vez.
뗑고 운 꾸아르또 레세르바도 베리피께 미 레세르바 오뜨라 베쓰

mp3 035

체크인 하려고 합니다.
Quisiera registrarme.
끼시에라 레히스뜨라르메

전화로 예약한 김인수인데요.
Me llamo In-su Kim. He reservado por teléfono...
메 야모 인수 낌 에 레세르바도 뽀르 뗄레포노

조용한 방으로 부탁합니다.
¿Puede darme una habitación tranquila?, por favor.
뿌에데 다르메 우나 아비따씨온 뜨랑낄라 뽀르 파보르

전망이 좋은 방으로 부탁합니다.
¿Puede darme una habitación con un paisaje agradable?, por favor.
뿌에데 다르메 우나 아비따씨온 꼰 운 빠이사헤 아그라다블레 뽀르 파보르

아침은 몇 시에 어디서 먹을 수 있습니까?
¿A qué hora puedo desayunar y dónde?
아 께 오라 뿌에도 데사유나르 이 돈데

짐을 방까지 날라 줄 수 있습니까?
¿Podría usted llevar el equipaje a la habitación, por favor?
뽀드리아 우스뗏 예바르 엘 에끼빠헤 아 라 아비따씨온 뽀르 파보르

짐은 내가 나르겠습니다.
Me llevo el equipaje.
메 예보 엘 에끼빠헤

체크인 전에 짐을 맡길 수 있습니까?
¿Podría guardar el equipaje antes de registrarme?
뽀드리아 구아르다르 엘 에끼빠헤 안떼스 데 레히스뜨라르메

체크인(예약을 안 했을 때)

mp3 **036**

예약을 하지 않았습니다.
No tengo reserva.
노 뗑고 레세르바

오늘밤 묵을 수 있습니까?
¿Tiene habitación libre esta noche?
띠에네 아비따씨온 리브레 에스따 노체

욕실이 있는 1인실을 부탁합니다.
Habitación individual con baño, por favor.
아비따씨온 인디비두알 꼰 바뇨 뽀르 파보르

하룻밤에 얼마입니까?
¿Cuánto cuesta una noche?
꾸안또 꾸에스따 우나 노체

좀 싸게 해 줄 수 있습니까?
¿Más barato?
마스 바라또

더 싼 방은 있습니까?
¿Tiene habitación más barata?
띠에네 아비따씨온 마스 바라따

몇 층에 있는 방입니까?
¿En qué piso está la habitación?
엔 께 삐소 에스따 라 아비따씨온

방을 보여 주세요.
¿Puedo ver la habitación?
뿌에도 베르 라 아비따씨온

좋군요. 이 방으로 하겠습니다.
Bien. Me quedo aquí.
비엔 메 께도 아끼

지금 체크인 해도 되겠습니까?
¿Puedo registrarme ahora?
뿌에도 레히스뜨라르메 아오라

프런트에서

mp3 037

1315호실 열쇠를 부탁합니다.
La llave de la habitación 1315, por favor.
라 야베 데 라 아비따씨온 밀뜨레씨엔또스낀쎄 뽀르 파보르

열쇠를 방에 두고 나왔어요!
¡Salí de la habitación y dejé la llave dentro!
살리 데 라 아비따씨온 이 데헤 라 야베 덴뜨로

제게 온 메시지 있어요?
¿Hay algún mensaje para mí?
아이 알군 멘사헤 빠라 미

귀중품을 맡기고 싶습니다.
Quisiera guardar mis objetos de valor.
끼시에라 구아르다르 미스 오브헤또스 데 발로르

오늘 저녁까지 제 짐을 보관해 주세요.
Guarde mi equipaje hasta la tarde.
구아르데 미 에끼빠헤 아스따 라 따르데

1315호실 김인데요, 제 앞으로 팩스 온 게 없습니까?

Soy Kim de la habitación 1315. ¿Hay algún fax para mí?

소이 낌 데 라 아비따씨온 밀뜨레씨엔또스낀쎄 아이 알군 팍스 빠라 미

대여금고를 쓸 수 있습니까?

¿Podría usar la caja de seguridad?

뽀드리아 우사르 라 까하 데 세구리닷

대여금고에서 귀중품을 찾고 싶습니다.

Quiero sacar mis objetos de valor de la caja de seguridad.

끼에로 사까르 미스 오브헤또스 데 발로르 데 라 까하 데 세구리닷

체크아웃은 몇 시입니까?

¿A qué hora es la salida?

아 께 오라 에스 라 쌀리다

127

룸서비스

룸서비스 부탁합니다.
Quiero pedir un servicio, por favor.
끼에로 뻬디르 운 세르비씨오 뽀르 파보르

방 번호는 1015호입니다.
El número de habitación es 1015.
엘 누메로 데 아비따씨온 에스 밀 낀세

커피 2잔과 샌드위치 부탁합니다.
Dos cafés y un bocadillo, por favor.
도스 까페스 이 운 보까디요 뽀르 파보르

그게 답니다.
Es todo.
에스 또도

7시에 갖다 주세요.
Traigamelos a las 7, por favor.
뜨라이가멜로스 아 라스 시에떼 뽀르 파보르

내일 아침 6시에 모닝콜을 부탁합니다.

Me hace una llamada a las seis de la mañana, por favor.

메 아쎄 우나 야마다 아 라스 세이스 데 라 마냐나 뽀르 파보르

세탁물을 가져가 주겠어요?

¿Podría usted venir a retirar la ropa sucia?

뽀드리아 우스뗏 베니르 아 레띠라르 라 로빠 수씨아

시트를 교체해 주세요.

Por favor, cambie la sábana.

뽀르 파보르 깜비에 라 사바나

담요를 한 장 더 갖다 주겠어요?

¿Podría usted traerme otra manta, por favor?

뽀드리아 우스뗏 뜨라에르메 오뜨라 만따 뽀르 파보르

(팁을 건네며) 이거 받으세요.

Es para usted.

에스 빠라 우스뗏

호텔 이용

숙박

팩스를 받고 싶은데요.
Quisiera recibir un fax.
끼시에라 레씨비르 운 팍스

인터넷을 쓸 수 있는 곳이 있습니까?
¿Hay algún lugar en que se pueda utilizar el internet?
아이 알군 루가르 엔 께 세 뿌에다 우띨리싸르 엘 인떼르넷

택시를 불러 주세요.
Llame un taxi, por favor.
야메 운 딱시 뽀르 파보르

이곳의 헬스클럽을 무료로 이용할 수 있습니까?
¿Puedo utilizar el gimnasio gratis?
뿌에도 우띨리싸르 엘 힘나시오 그라띠스

식당은 몇 시까지 합니까?
¿Hasta qué hora está el bufet abierto?
아스따 께 오라 에스따 엘 부펫 아비에르또

비즈니스 센터는 예약을 해야 합니까?
¿Se necesita una reservación para usar la sala de negocios?
세 네쎄시따 우나 레세르바씨온 빠라 우사르 라 살라 데 네고씨오스

이 셔츠를 세탁해서 다림질하고 싶습니다.
Quisiera limpiar y planchar esta chaqueta.
끼시에라 림삐알 이 쁠란찰 에스따 차께따

오늘 저녁까지 되겠습니까?
¿Podria hacerlo hasta la tarde?
뽀드리아 아쎄를로 아스따 라 따르데

요금은 얼마입니까?
¿Cuánto cuesta?
꾸안또 꾸에스따

가능하면 빨리 부탁합니다.
Lo quiero cuanto antes.
로 끼에로 꾸안또 안떼스

호텔에서의 문제

mp3 **040**

방을 바꾸고 싶습니다.
Quisiera cambiar el cuarto.
끼시에라 깜비아르 엘 꾸아르또

더 조용한 방으로 부탁합니다.
El cuarto más tranquilo, por favor.
엘 꾸아르또 마스 뜨랑낄로 뽀르 파보르

더 깨끗한 방으로 부탁합니다.
El cuarto más limpio, por favor.
엘 꾸아르또 마스 림삐오 뽀르 파보르

텔레비전이 나오지 않아요.
El televisor no funciona.
엘 뗄레비소르 노 푼씨오나

에어컨이 작동하지 않아요.
El acondicionador de aire no funciona.
엘 아꼰디씨오나도르 데 아이레 노 푼씨오나

문을 열어 주시겠어요?
¿Podría abrir la puerta?
뽀드리아 아브리르 라 뿌에르따

방에 화장지가 없습니다.
No hay papel higiénico en mi habitación.
노 아이 빠뻴 이히에니꼬 엔 미 아비따씨온

화장실 물이 내려가지 않아요.
No funciona el servicio.
노 푼씨오나 엘 세르비씨오

더운 물이 나오지 않아요.
No sale el agua caliente.
노 살레 엘 아구아 깔리엔떼

비누가 없는데요.
No hay jabón.
노 아이 하본

체크아웃

mp3 **041**

체크아웃을 부탁합니다.
Quiero hacer el check out, por favor.
끼에로 아세르 엘 체크 아웃 뽀르 파보르

체크아웃 하겠습니다. 계산을 부탁합니다.
Me voy. La cuenta, por favor.
메 보이 라 꾸엔따 뽀르 파보르

내일 아침 6시에 출발하겠습니다.
Me marcharé a las 6 mañana.
메 마르차레 아 라스 세이스 마냐나

여행자수표로 지불할 수 있습니까?
¿Puedo pagar con cheques de viaje?
뿌에도 빠가르 꼰 체께스 데 비아헤

신용카드로 지불할 수 있습니까?
¿Puedo pagar con tarjeta de crédito?
뿌에도 빠가르 꼰 따르헤따 데 끄레디또

카드로 부탁합니다.
Pagaré con la tarjeta de crédito.
빠가레 꼰 라 따르헤따 데 끄레디또

호텔 명함이나 팸플릿 주시겠어요?
¿Puedo obtener un folleto o una tarjeta del hotel, por favor?
뿌에도 오브떼네르 운 포예또 오 우나 따르헤따 델 오뗄 뽀르 파보르

4시까지 짐을 맡아 주시겠어요?
¿Podria guardar mi equipaje hasta las 4?
뽀드리아 구아르다르 미 에끼빠헤 아스따 라스 꾸아뜨로

영수증 주세요.
Déme el recibo, por favor.
데메 엘 레씨보 뽀르 파보르

이 추가요금은 뭐죠?
¿Me puede explicar el contenido de este precio adicional?
메 뿌에데 에스쁠리까르 엘 꼰떼니도 데 에스떼 쁘레씨오 아디씨오날

가구	el mueble	엘 무에블레
가능한(유효한)	válido, eficaz	발리도, 에피까쓰
가스	el gas	엘 가스
가장 가까운 역	la estación más cerca	라 에스따씨온 마스 쎄르까
간이주방이 딸린	con cocina simple	꼰 꼬씨나 심쁠레
거실	la sala de estar	라 살라 데 에스따르
계단	la escalera	라 에스깔레라
계산(서)	la cuenta	라 꾸엔따
계약	el contrato	엘 꼰뜨라또
고장 난	averiado(a)	아베리아도(다)
공동	el común	엘 꼬문
교외에	en las afueras	엔 라스 아푸에라스
귀중품	los objeto de valor	로스 오브헤또 데 발로르
귀중품 보관금고	la caja de objeto de valor	라 까하 데 오브헤또 데 발로르
기간	el plazo	엘 쁠라쏘
기숙사	la residencia	라 레시덴씨아
난방	la calefacción	라 깔레팍씨온
냉방	el acondicionamiento de aire	엘 아꼰디씨오나미엔또 데 아이레
너무 ~한	demasiado	데마시아도
넓은	amplio(a)	암쁠리오(아)
누르다	empujar	엠뿌하르

136

단어만 말해도 뜻은 통한다!

다락방	el ático	엘 아띠꼬
더 싼	más barato(a)	마스 바라또(따)
더블 룸	la habitación doble	라 아비따시온 도블레
더운	caliente	깔리엔떼
더운 물	la agua caliente	라 아구아 깔리엔떼
도어맨	el portero	엘 뽀르떼로
두 끼 식사 포함	la media pensión	라 메디아 뻰시온
~딸린	con ~	꼰 ~
라디오	el radio	엘 라디오
레스토랑	el restaurante	엘 레스따우란떼
로비(현관)	el vestíbulo	엘 베스띠불로
룸 메이드	la camarera	라 까마레라
마개	el tapón	엘 따뽄
모텔	el motel	엘 모뗄
목욕수건	la toalla de baño	라 또아야 데 바뇨
문	la puerta	라 뿌에르따
물	el agua	엘 아구아
미용실(이발소)	la peluquería	라 뻴루께리아
바	el bar	엘 바르
발코니	el balcón	엘 발꼰
밝은	claro(a)	끌라로(라)
방	la habitación,	라 아비따씨온,
	el cuarto	엘 꾸아르또

Capítulo 4

숙박 단어

방 배치	el plano de casa	엘 쁠라노 데 까사
방위	la dirección	라 디렉씨온
베란다	la terraza	라 떼라싸
벨 보이	los botones	로스 보토네스
벽	la pared	라 빠렛
변상	la indemnización	라 인뎀니싸씨온
보증금	la garantía en dinero	라 가란띠아 엔 디네로
보증인	el garantizador	엘 가란띠싸도르
봉사료	la carga de servicio	라 까르가 데 세르비씨오
비누	el jabón	엘 하본
비데	el bidé	엘 비데
비상구	la salida de emergencia	라 살리다 데 에메르헨씨아
비싼	caro(a)	까로(라)
빈 방	la habitación libre	라 아비따씨온 리브레
빈 방 없음	Completas, Ocupadas	꼼쁠레따스, 오꾸빠다스
빈 방 있음	Libre	리브레
30유로 이하	menos de 30 euros	메노스 데 뜨레인따 에우로스
30유로 정도	30 euros más o menos	뜨레인따 에우로스 마스 오 메노스
3층	el segundo piso	엘 세군도 뻬소
샤워	la ducha	라 두차

샤워 딸린	con ducha	꼰 두차
서명	la firma	라 피르마
세 끼 식사 포함	la pensión completa	라 뻰시온 꼼쁠레따
세금	los impuestos, I.V.A	로스 임뿌에스또스, 이바
셋방	la habitación de alquiler	라 아비따씨온 데 알낄레르
소음	el ruido	엘 루이도
수건	la toalla de mano	라 또아야 데 마노
수도꼭지	el grifo	엘 그리포
수리	el arreglo	엘 아레글로
수속	el trámite	엘 뜨라미떼
수영장	la piscina	라 삐씨나
숙박료	el hospedaje de habitación	엘 오스뻬다헤 데 아비따씨온
숙박시설	el alojamiento	엘 알로하미엔또
숙박카드	la ficha de hotel	라 피차 데 오뗄
시끄러운	ruidoso, molesto	루이도소, 몰레스또
시내에	en el centro	에넬 쎈뜨로
식당	el comedor	엘 꼬메도르
식사	la comida	라 꼬미다
식사 없는	sin comida	신 꼬미다
싱글 룸	la habitación individual	라 아비따씨온 인디비두알

싼	barato(a)	바라또(따)
아침식사	el desayuno	엘 데사유노
아침식사 딸린	con desayuno	꼰 데사유노
아침식사 없는	sin desayuno	신 데사유노
아침식사 포함	la habitación con desayuno incluido	라 아비따씨온 꼰 데사유노 인끌루이도
아파트 식 호텔	el hotel-residencia	엘 오뗄 레시덴씨아
아파트(콘도)	el piso	엘 삐소
안내	la información	라 인포르마씨온
안마당	el patio	엘 빠띠오
알람시계	el despertador	엘 데스뻬르따도르
어두운	obscuro(a)	오브스꾸로(라)
~없는	sin	신
에스컬레이터	la escalera mecánica	라 에스깔레라 메까니까
에어컨 딸린	con aire acondicionado	꼰 아이레 아꼰디씨오나도
엘리베이터	el ascensor	엘 아쎈소르
여관	el hostal, la pensión	엘 오스딸, 라 뻰시온
역 가까이에	cerca de la estación	쎄르까 데 라 에스따씨온
연회장	la sala de banquetes	라 살라 데 방께떼스
열쇠	la llave	라 야베

단어만 말해도 뜻은 통한다!

예비침대	la cama suplementaria	라 까마 수쁠레멘따리아
예산	el presupuesto	엘 쁘레수뿌에스또
예약	la reserva	라 레세르바
예약금	el importe de reserva	엘 임뽀르떼 데 레세르바
예약확인서	la confirmación de reserva	라 꼰피르마씨온 데 레세르바
옥상	la azotea, la terraza	라 아쏘떼아, 라 떼라싸
욕실(화장실)	el baño	엘 바뇨
욕조	el baño, la bañera	엘 바뇨, 라 바녜라
욕조매트	la alfombra de baño	라 알폼브라 데 바뇨
유스호스텔	el albergue juvenil	엘 알베르게 후베닐
유아용침대	la cama pequeña, la cama para niño	라 까마 뻬께냐, 라 까마 빠라 니뇨
음료	la bebida	라 베비다
이발소	la barbería	라 바르베리아
2층	el primer piso	엘 쁘리메르 삐소
인환증	el talón	엘 딸론
1층	la planta baja	라 쁠란따 바하
임대료	el precio de renta	엘 쁘레씨오 데 렌따
잡아당기다	tirar	띠라르
적당한	conveniente, adecuado	꼼베니엔떼, 아데꾸아도
전기	la electricidad	라 엘렉뜨리씨닷

전등	la luz eléctrica	라 루쓰 엘렉뜨리까
전화	el teléfono	엘 뗄레포노
정원	el jardín	엘 하르딘
좀 더 오래	más largo	마스 라르고
좀 더 일찍	más pronto	마스 쁘론또
좁은	estrecho(a)	에스뜨레초(차)
주방(부엌)	la cocina	라 꼬씨나
주방이 딸린	con cocina	꼰 꼬씨나
중심지	el centro	엘 쎈뜨로
지배인	el director de hotel	엘 디렉또르 데 오뗄
지불하다	pago	빠고
지붕	el tejado	엘 떼하도
지하(지하실)	el sótano	엘 소따노
집세(임차료)	el alquiler	엘 알낄레르
차고	el garaje	엘 가라헤
창문	la ventana	라 벤따나
천정	el techo	엘 떼초
추천하다	recomendar	레꼬멘다르
출입금지	Se prohibe la entrada.	세 쁘로이베 라 엔뜨라다
추운	frío(a)	프리오(아)
침실	el dormitorio	엘 도르미또리오
카페테리아	la cafetería	라 까페떼리아
커튼	la cortina	라 꼬르띠나

142

텔레비전	la televisión	라 뗄레비시온
트리플 룸	la habitación tripre	라 아비따시온 뜨리쁘레
트윈 룸	la habitación con dos camas	라 아비따시온 꼰 도스 까마스
파라도르	el parador nacional	엘 빠라도르 나씨오날
폐문시간	la hora de cierre	라 오라 데 씨에레
포터	el maletero	엘 말레떼로
포함하다	incluir	인끌루이르
프런트	la recepción	라 레쎕씨온
피난계단	la escalera de emergencia	라 에스깔레라 데 에메르헨씨아
학교기숙사	el dormitorio estudiantil	엘 도르미또리오 에수뚜디안띨
할인	el descuento	엘 데스꾸엔또
해약	la anulación	라 아눌라씨온
호텔	el hotel	엘 오뗄
화장실	el baño, el servicio	엘 바뇨, 엘 세르비씨오
화장실(욕조) 딸린	con baño	꼰 바뇨
화재경보기	la alarma de incendio	라 알라르마 데 인쎈디오
환경	el ambiente	엘 암비엔떼
회계	la caja	라 까하
휴게실	el salón	엘 살론

Capítulo 5

식당

간단한 한마디

해산물 요리를 먹고 싶어요.

> **Quiero comer los mariscos.**
> 끼에로 꼬메르 로스 마리스꼬스

이건 무슨 요리입니까?

> **¿Qué tipo de comida es ésta?**
> 께 띠뽀 데 꼬미다 에스 에스따

먹고 싶은 것이 있어요?
¿Hay algo que le gustaría comer?
아이 알고 께 레 구스따리아 꼬메르

해산물 요리를 먹고 싶어요.
Quiero comer los mariscos.
끼에로 꼬메르 로스 마리스꼬스

스페인 전통요리를 먹어보고 싶어요.
Me gustaría comer algo tradicional español.
메 구스따리아 꼬메르 알고 뜨라디씨오날 에스빠뇰

근처의 싸고 맛있는 레스토랑을 추천해 주세요.
¿Podría recomendarme un restaurante bueno y económico cerca de aquí?
뽀드리아 레꼬멘다르메 운 레스따우란떼 부에노 이 에꼬노미
꼬 쎄르까 데 아끼

타파스를 잘하는 가게가 있어요.
Hay un buen lugar para ir a comer tapas.
아이 운 부엔 루가르 빠라 이르 아 꼬메르 따빠스

피데오는 이 가게가 제일 잘해요.

Este restaurante es el número 1 en fideos.

에스떼 레스따우란떼 에스 엘 누메로 우노 엔 피데오스

8시에 예약을 했어요. 김입니다.

Tengo reserva a las 8. Soy Kim.

뗑고 레세르바 아 라스 오초   소이 낌

(예약을 하지 않았을 때) 4인석 있습니까?

¿Mesa para 4 personas?

메사 빠라 꾸아뜨로 뻬르소나스

얼마나 기다려야 합니까?

¿Cuánto tiempo tenemos que esperar?

꾸안또 띠엠뽀 떼네모스 께 에스뻬라르

창가 쪽에 앉고 싶어요.

Quisiera sentarme junto a la ventana.

끼시에라 센따르메 훈또 아 라 벤따나

주문

주문 받으세요?
¿Puedo pedir?
뿌에도 페디르

메뉴를 부탁합니다.
La carta, por favor.
라 까르따 뽀르 파보르

오늘의 수프는 무엇입니까?
¿Cuál es la sopa de hoy?
꾸알레스 라 소빠 데 오이

추천 요리는 무엇입니까?
¿Qué me recomienda?
께 메 레꼬미엔다

이것은 양이 많습니까?
Es bastante?
에스 바스딴떼

(메뉴를 손가락으로 가리키며) 이것과 이것을 주세요.
Me gustan esto y esto.
메 구스딴 에스또 이 에스또

실례지만 지금 드시는 게 뭔가요?
Perdón. Cómo se llama su plato?
뻬르돈   꼬모 세 야마 수 쁠라또

저것과 같은 것으로 주세요.
Tráigame el mismo plato que esto.
뜨라이가메 엘 미스모 쁠라또 께 에스또

와인을 잔으로 주문할 수 있습니까?
¿Tiene copa de vino?
띠에네 꼬빠 데 비노

맥주는 어떤 게 있습니까?
¿Qué marca de cervezas tiene?
께 마르까 데 쎄르베싸스 띠에네

이건 무슨 요리입니까?
¿Qué tipo de comida es ésta?
께 띠뽀 데 꼬미다 에스 에스따

이건 어떻게 먹습니까?
¿Cómo se come esto?
꼬모 세 꼬메 에스또

마요네즈를 찍어 먹습니다.
Se come con mayonesa.
세 꼬메 꼰 마요네사

이 소스를 발라 먹습니다.
Se come con esta salsa.
세 꼬메 꼰 에스따 살사

샐러드 한 접시 더 주세요.
Por favor, deme más ensalada.
뽀르 파보르 데메 마스 엔살라다

재떨이 주세요.
Tráigame un cenicero, por favor.
뜨라이가메 운 쎄니쎄로 뽀르 파보르

새 포크를 주시겠어요?
¿Podría traerme un tenedor, por favor?
뽀드리아 뜨라에르메 운 떼네도르 뽀르 파보르

냅킨 주세요.
Por favor, deme una servilleta.
뽀르 파보르 데메 우나 세르비예따

됐어요. 필요 없습니다.
No, gracias.
노 그라씨아스

남은 음식을 가져갈 수 있습니까?
¿Se puede llevar la comida que he dejado?
세 뿌에데 예바르 라 꼬미다 께 에 데하도

패스트푸드점·커피숍

mp3 **045**

치즈버거, 감자튀김과 콜라 주세요.
**Deme una hamburguesa de queso,
patatas fritas y una coca, por favor.**
데메 우나 암부르게사 데 께소 빠따따스 프리따스 이 우나 꼬까 뽀르 파보르

콜라는 M으로 하시겠습니까, L로 하시겠습니까?
**¿Qué tamaño de coca se servirá, tamaño
mediano o grande?**
께 따마뇨 데 꼬까 세 세르비라 따마뇨 메디아노 오 그란데

여기서 드시겠습니까?
¿Se servirá aquí?
세 세르비라 아끼

가지고 가겠습니다.
Voy a llevarlo.
보이 아 예바를로

먹을 게 있습니까?
¿Tiene algo para comer?
띠에네 알고 빠라 꼬메르

Capítulo 5

식당

152

음료는 뭐가 있습니까?
¿Que bebidas tiene?
께 베비다스 띠에네

찬 음료는 뭐가 있습니까?
¿Tiene algo frío para beber?
띠에네 알고 프리오 빠라 베베르

아이스커피 주세요.
Deme un café frío.
데메 운 까페 프리오

시럽을 두 개 주세요.
Deme dos jarabes de azúcar.
데메 도스 하라베스 데 아쑤까르

이건 무슨 주스입니까?
¿Qué tipo de zumo es éste?
께 띠뽀 데 쑤모 에스 에스떼

바

mp3 046

맥주 주세요!
¡Una cerveza, por favor!
우나 쎄르베싸 뽀르 파보르

맥주는 어떤 브랜드가 있습니까?
¿Qué marca de cerveza tiene?
께 마르까 데 쎄르베싸 띠에네

생맥주로 하시겠습니까, 병맥주로 하시겠습니까?
¿Quiere cerveza en caña o botella?
끼에레 쎄르베싸 엔 까냐 오 보떼야

산 미구엘 주세요!
¡San Miguel, por favor!
산 미겔 뽀르 파보르

안주는 무엇으로 하시겠어요?
De tapas, ¿qué quieres?
데 따빠스 께 끼에레스

스페인 전통 술은 어떤 게 있습니까?
¿Qué clase de bebidas tradicionales españoles tiene?
께 끌라세 데 베비다스 뜨라디씨오날레스 에스빠뇰레스 띠에네

이 술은 알코올 도수가 낮아요.
Este tiene poco grados de alcohol.
에스떼 띠에네 뽀꼬 그라도스 데 알꼴

위스키에 물을 타 주세요.
Whisky con hielo, por favor.
위스끼 꼰 이엘로 뽀르 파보르

한 잔 더 주세요!
¡Otra más!
오뜨라 마스

건배!
¡Salud!
살룻

계산

계산서 부탁합니다.

La cuenta, por favor.

라 꾸엔따 뽀르 파보르

카드 받습니까?

¿Puedo pagar con tarjeta de crédito?

뿌에도 빠가르 꼰 따르헤따 데 끄레디또

비자카드 사용할 수 있습니까?

¿Puedo usar tarjeta de VISA?

뿌에도 우사르 떼르헤따 데 비사

계산은 따로따로 부탁합니다.

Pagamos separados.

빠가모스 세빠라도스

내가 낼게요.

Le invito yo.

레 임비또 요

다음엔 내가 사게 해주세요.
La próxima vez déjeme que yo le invite.
라 쁘록시마 베쓰 데헤메 께 요 레 임비떼

영수증 주세요.
¿Podria darme el recibo, por favor?
쁘드리아 다르메 엘 레씨보 뽀르 파보르

이 요금은 뭐죠?
¿A qué corresponde este importe?
아 께 꼬레스뽄데 에스떼 임뽀르떼

거스름돈을 잘못 받았습니다.
El cambio está mal.
엘 깜비오 에스따 말

잔돈은 가지세요.
El cambio es para usted.
엘 깜비오 에스 빠라 우스뗏

식당 필수단어

가벼운 식사(간식)	la comida ligera, la merienda	라 꼬미다 리혜라, 라 메리엔다
가재	el cangrejo de rio, la ástaco	엘 깡그레호 데 리오, 라 아스따꼬
가지	la berenjena	라 베렝헤나
각자부담	pagar a escote	빠가르 아 에스꼬떼
간장	la salsa de soja	라 살사 데 소하
간	el hígado	엘 이가도
갈치	la espada	라 에스빠다
감자	la patata	라 빠따따
강낭콩 수프	la sopa de frijol	라 소빠 데 프리홀
거위	el ganso, el ánsar	엘 간소, 엘 안사르
게	el cangrejo	엘 깡그레호
겨자	la mostaza	라 모스따싸
계란	el huevo	엘 우에보
계란 노른자	la yema de huevo	라 예마 데 우에보
계란 프라이	el huevo frito	엘 우에보 프리또
계산서	la cuenta, la nota	라 꾸엔따, 라 노따
계절 샐러드	la ensalada de tiempo	라 엔살라다 데 띠엠뽀
고기(육류)	la carne	라 까르네
고등어	la caballa	라 까바야
과일	las frutas	라스 프루따스

Capitulo 5

식당 단어

단어만 말해도 뜻은 통한다!

굴	la ostra	라 오스뜨라
권할만한	conveniente	꼼베니엔떼
그레이프루트주스	el zumo(jugo) de toronja	엘 쑤모(후고) 데 또롱하
기름	el aceite	엘 아쎄이떼
꿀	la miel	라 미엘
나이프	el cuchillo	엘 꾸치요
낙지	el pulpo	엘 뿔뽀
냅킨	la servilleta	라 세르비에따
달팽이	los caracoles	로스 까라꼴레스
닭고기	el pollo	엘 뽀요
닭고기 요리	los pollos	로스 뽀요스
당근	la zanahoria	라 싸나오리아
대구	el bacalao	엘 바깔라오
데킬라	la tequila	라 떼낄라
돼지고기	el cerdo	엘 쎄르도
드레싱	el aliño para ensalada	엘 알리뇨 빠라 엔살라다
등심살	el solomillo	엘 솔로미요
디저트	los postres	로스 뽀스뜨레스
딸기	la fresa	라 프레사
땅콩	el cacahuete, el mani	엘 까까우에떼, 엘 마니
떨어뜨리다	caer	까에르
뜨거운	caliente	깔리엔떼

Capítulo 5

식료 단어

식당 필수단어

라면	el fideos chinos	엘 피데오스 치노스
럼주	el ron	엘 론
레드와인	el vino tinto	엘 비노 띤또
레몬	el limón	엘 리몬
롤 케이크	el brazo de gitano	엘 브라쏘 데 히따노
마늘	el ajo	엘 아호
마늘 수프	la sopa de ajo	라 소빠 데 아호
마요네즈	la mayonesa	라 마요네사
맛	el sabor	엘 사보르
망고	el mango	엘 망고
맥주	la cerveza	라 쎄르베싸
메론	el melón	엘 멜론
면(麵)	el tallarin, el fideo	엘 따야린, 엘 피데오
모둠 아이스크림	el helado variado	엘 엘라도 바리아도
목마름	la sed	라 세드
무	el rabano	엘 라바노
물	la agua	라 아구아
미네랄워터	la agua mineral	라 아구아 미네랄
밀감	la mandarina	라 만다리나
바나나	el plátano	엘 쁠라따노
바다가재	la langosta	라 랑고스따
바지락조개	la almeja	라 알메하
바	el bar	엘 바르

Capítulo 5

식당 단어

단어만 말해도 뜻은 통한다!

밥(쌀)	el arroz	엘 아로쓰
배고픈	hambre	암브레
배추	el col china	엘 꼴 치나
배	la pera	라 뻬라
뱀장어(장어)	la anguila	라 앙길라
버번위스키	el whisky bourbón	엘 위스끼 보우르본
버섯	la seta	라 세따
버터	la mantequilla	라 만떼끼야
베이컨	el tocino	엘 또씨노
복숭아	el durazno	엘 두라쓰노
볶음밥	el arroz frito chino	엘 아로쓰 프리또 치노
봉사료	la carga de servicio	라 까르가 데 세르비씨오
브랜디	el coñac	엘 꼬냑
빵	el pan	엘 빵
뼈 붙은 고기	la carne con huesos	라 까르네 꼰 우에소스
사과	la manzana	라 만싸나
사과주스	el zumo(jugo) de manzana	엘 쑤모(후고) 데 만싸나
사과파이	el pastel de manzana	엘 빠스뗄 데 만싸나
사슴	el venado	엘 베나도
살구(매실)	la ciruela	라 씨루엘라
삶은 계란	el huevo cocido	엘 우에보 꼬씨도
상추	la lechuga	라 레추가

Capítulo 5

식당 단어

새끼뱀장어	la angula	라 앙굴라
새끼양고기	la carne de cordero	라 까르네 데 꼬르데로
새우(작은)	el camarón,	엘 까마론,
	la quisquilla	라 끼스끼야
샐러드	la ensalada	라 엔살라다
생강	el jengibre	엘 헹히브레
생맥주	la cerveza de barril	라 쎄르베싸 데 바릴
생선	el pescado	엘 뻬스까도
샴페인	el champán,	엘 참빤,
	el champaña	엘 참빠냐
설탕	el azúcar	엘 아쑤까르
세금	los impuestos, I.V.A.	로스 임뿌에스또스, 이바
셀러리	el apio	엘 아삐오
셰리주	el jerez	엘 헤레쓰
소금	la sal	라 살
소스	la salsa	라 살사
소시지(순대)	el chorizo	엘 초리쏘
송아지고기	la ternera	라 떼르네라
송어	la trucha	라 뜨루차
쇠고기	la vaca	라 바까
수박	la sandía	라 산디아
수프	la sopa	라 소빠
술	los licores	로스 리꼬레스

단어만 말해도 뜻은 통한다!

스카치위스키	el whisky escocés	엘 위스끼 에스꼬쎄스
스크램블	el huevos revueltos	엘 우에보스 레부엘또스
스푼	la cuchara	라 꾸차라
시금치	la espinaca	라 에스삐나까
식사권	el cupón de comida	엘 꾸뽄 데 꼬미다
식전술	el aperitivo	엘 아뻬리띠보
식초	el vinagre	엘 비나그레
아보카도	el aguacate	엘 아구아까떼
아스파라거스	el espárrago	엘 에스빠라고
아이스크림	el helado	엘 엘라도
아침식사	el desayuno	엘 데사유노
안초비	la anchoa	라 안초아
앞다리 살(소고기)	el lacón,	엘 라꼰,
	la espaldilla	라 에스빨디야
앵두	la cereza	라 쎄레싸
야채	las verduras	라스 베르두라스
야채샐러드	la ensalada	라 엔살라다
	de verduras	데 베르두라스
야채수프	la sopa de verduras	라 소빠 데 베르두라스
양고기	el carnero, la oveja	엘 까르네로, 라 오베하
양념(향신료)	la especia	라 에스뻬씨아
양배추	la col, el repollo	라 꼴, 엘 레뽀요
양파	la cebolla	라 쎄보야

Capítulo 5

단어

양파 수프	la sopa de cebolla	라 소빠 데 쎄보야
얼음과 탄산수 넣은	con hielo y soda	꼰 이엘로 이 소다
얼음을 넣은	con hielo	꼰 이엘로
연어	el salmón	엘 살몬
오늘의 특선수프	la sopa del día	라 소빠 델 디아
오렌지	la naranja	라 나랑하
오렌지 푸딩	el flan de naranja	엘 플란 데 나랑하
오렌지주스	el zumo(jugo) de naranja	엘 쑤모(후고) 데 나랑하
오리	el pato	엘 빠또
오믈렛	la tortilla	라 또르띠야
오이	el pepino	엘 뻬삐노
오징어	el calamar	엘 깔라마르
옥수수	el maíz	엘 마이쓰
옥수수 수프	la sopa de maíz	라 소빠 데 마이쓰
올리브	las aceitunas	라스 아쎄이뚜나스
와인	el vino	엘 비노
와플	el waffle	엘 와플레
완숙계란	el huevo cocido duro	엘 우에보 꼬씨도 두로
우유	la leche	라 레체
위스키	el whisky	엘 위스끼
유명한	famoso(a)	파모소(사)
음료	la bebida	라 베비다

이탈리아요리	la comida italiana	라 꼬미다 이딸리아나
일본요리	la comida japonesa	라 꼬미다 하뽀네사
일품요리	los platos	로스 쁠라또스
	a la carta	아 라 까르따
잉어	la carpa	라 까르빠
작은 가재	el langostín	엘 랑고스띤
작은 오이	el pepinillo	엘 뻬삐니요
재떨이	el cenicero	엘 쎄니쎄로
잼	la mermelada	라 메르멜라다
저녁식사	la cena	라 쎄나
전채	el entremés	엘 엔뜨레메스
점심식사	el almuerzo,	엘 알무에르쏘,
	la comida	라 꼬미다
접시	el plato	엘 쁠라또
젓가락	los palillos	로스 빨리요스
정식	el plato del día	엘 쁠라또 델 디아
정어리	la sardina, la anchoa	라 사르디나, 라 안초아
젤리	la gelatina	라 헬라띠나
조개	el marisco	엘 마리스꼬
조개관자	el ligamento	엘 리가멘또
조개수프	la sopa de almeja	라 소빠 데 알메하
종류	la especie, la clase	라 에스뻬씨에, 라 끌라세

식당 필수단어

자릿세	el precio extra por la mesa	엘 쁘레씨오 에스뜨라 뽀르 라 메사
주방장의 샐러드	la ensalada de chef	라 엔살라다 데 체프
주스(즙)	el zumo, el jugo	엘 쑤모, 엘 후고
주 요리	el plato(s) principal(es)	엘 쁠라또(스) 쁘린씨빨(레스)
죽	los puches de arroz	로스 뿌체스 데 아로쓰
중국요리	la comida china	라 꼬미다 치나
중하(참새우)	el langostino	엘 랑고스띠노
증류주	el licor	엘 리꼬르
진 토닉	el gin tonic	엘 힌 또닉
진피즈	la ginebra con soda, el gin fizz	라 히네브라 꼰 소다, 엘 힌 피쓰
차가운	frío(a)	프리오(아)
참치	el atún	엘 아뚠
찻잔	la taza de café	라 따싸 데 까페
청량음료	los refrescos	로스 레프레스꼬스
청어	el arenque	엘 아렝께
초콜릿(코코아)	el chocolate	엘 초꼴라떼
치즈	el queso	엘 께소
칠면조	el pavo	엘 빠보
카페테리아	la cafetería	라 까페떼리아
칵테일	el cóctel	엘 꼭뗄

캐러멜	el bombón	엘 봄봉
캐비어	el caviar	엘 까비아르
캔디(캐러멜)	el caramelo	엘 까라멜로
커피	el café	엘 까페
컵(잔)	el vaso	엘 바소
케이크(과자)	el pastel	엘 빠스뗄
케첩	la salsa de tomate	라 살사 데 또마떼
콜리플라워	la coliflor	라 꼴리플로르
콤비네이션 샐러드	la ensalada ilustrada	라 엔살라다 일루스뜨라다
콩소메(묽은 수프)	el consomé	엘 꼰소메
큰 접시	el plato grande	엘 쁠라또 그란데
타바스코	el tabasco	엘 따바스꼬
탄산 없는	sin gas	신 가스
토끼	el conejo	엘 꼬네호
토마토	el tomate	엘 또마떼
토마토주스	el zumo(jugo) de tomate	엘 (쑤모)후고 데 또마떼
토스트	la tostada	라 또스따다
튀김국수(스파게티)	el fideo salteado	엘 피데오 살떼아도
팁	la propina	라 쁘로삐나
파이	el hojaldre	엘 오할드레
파인애플	la piña	라 삐냐

식당 필수단어

파	la cebolleta	엘 쎄보예따
포도	la uva	라 우바
포크	el tenedor	엘 떼네도르
포함하다	incluido	인끌루이도
푸딩	el flan	엘 플란
프랑스요리	la comida francesa	라 꼬미다 프랑쎄사
프렌치프라이	las patatas fritas	라스 빠따따스 프리따스
피망	el pimentón	엘 삐멘똔
한 병	una botella	우나 보떼야
한국요리	la comida coreano	라 꼬미다 꼬레아노
핫케이크	la torta caliente	라 또르따 깔리엔떼
해산물 샐러드	la ensalada de mariscos	라 엔살라다 데 마리스꼬스
해산물요리	pescados y mariscos	뻬스까도스 이 마리스꼬스
햄	el jamón	엘 하몬
햄버거	la hamburguesa	라 암부르게사
햄에그	el huevos fritos con jamón	엘 우에보스 프리또스 꼰 하몬
향토요리	la comida regional	라 꼬미다 레히오날
혀	la lengua	라 렝구아
호박	la calabaza	라 깔라바싸
혼합 샐러드	la ensalada mixta	라 엔살라다 믹스따

Capitulo 5

식당 단어

홍차	el té	엘 떼
홍합	el mejillón	엘 메히욘
화이트 와인	el vino blanco	엘 비노 블랑꼬
후추	la pimienta	라 삐미엔따

맛 표현

맛있는	sabroso	사브로소
맛없는	malo	말로
맛이 순한	sabor suave	사보르 수아베
맛이 진한	sabor cargado	사보르 까르가도
연한	tierno(a)	띠에르노(나)
질긴	duro(a)	두로(라)
가벼운	ligero	리헤로
푸짐한	pesado	뻬사도
기름진	aceitoso, grasoso	아쎄이또소, 그라소소
향기로운	aromático	아로마띠꼬
매운	picante	삐깐떼
단	dulce	둘쎄
신	ácido	아씨도
쓴	amargo(a)	아마르고(가)
짠	salado	살라도

조리법		
굽다	asar	아사르
찌다	cocer al vapor	꼬쎄르 알 바뽀르
끓이다	cocer bien	꼬쎄르 비엔
튀기다	freir	프레이르
삶다	cocer	꼬쎄르
졸이다	espesar, estofar	에스뻬사르, 에스또파르
볶다	saltear	살떼아르
구운	asado(a)	아사도(다)
그릴에 구운	al horno	알 오르노
석쇠로 구운	asado a la parrilla	아사도 아 라 빠리야
직접 불에 구운	a la parrilla	아 라 빠리야
철판구이 한	a la plancha	아 라 쁠란차
훈제한	ahumado(a)	아우마도(다)
튀긴	frito(a)	프리또(따)
여러 재료를 끓인	guisado	기사도
내장에 넣은	metido, embutido	메띠도, 엠부띠도
찐	cocido al vapor	꼬씨도 알 바뽀르
섞은	mezclado(a)	메쓰끌라도(다)
다진	picado(a)	삐까도(다)
얇게 썬	cortado(a)	꼬르따도(다)
날것의	crudo(a)	끄루도(다)
냄비요리	la marmita	라 마르미따

단어만 말해도 뜻은 통한다!

스테이크		
스테이크	el filete, el bistec	엘 필레떼, 엘 비스떽
웰던	bien hecho, en su punto	비엔 에초, 엔 수 뿐또
미디움	medio hecho, a medio freír	메디오 에초, 아 메디오 프레이르
레어	poco hecho, semicrudo	뽀꼬 에초, 세미끄루도

Capítulo 6

거리에서

간단한 한마디

여기가 어디입니까?

> ## ¿Dónde estoy ahora?
> 돈데 에스또이 아오라

사진을 찍어도 됩니까?

> ## ¿Puedo sacar fotos?
> 뿌에도 사까르 포또스

길 묻기

실례지만 물어볼 게 있습니다.
Perdón, ¿me podría enseñar?
빼르돈   메 뽀드리아 엔세냐르

이 길로 가면 아토차 역이 나옵니까?
¿Esta calle va a la estación de Atocha?
에스따 까예 바 아 라 에스따씨온 데 아또차

가깝습니까?
¿Está cerca?
에스따 쎄르까

걸어서 얼마나 걸립니까?
¿Cuánto tiempo se tarda andando?
꾸안또 띠엠뽀 세 따르다 안단도

10분 정도 걸립니다.
10 minutos, más o menos.
디에쓰 미누또스 마스 오 메노스

푸에르타 델 솔로 가는 길을 가르쳐 주시겠어요?
Enséñame el camino a Puerta del Sol.

엔세냐메 엘 까미노 아 뿌에르따 델 솔

이 지도에 표시를 해 주시겠습니까?
¿Podria marcar en este plano?

뽀드리아 마르까르 에네스따 쁠라노

저도 같은 방향으로 가는데, 같이 갈까요?
Voy a la misma dirección, ¿vamos juntos?

보이 아 라 미스마 디렉씨온   바모스 훈또스

길을 잃었습니다.
Me he perdido.

메 에 뻬르디도

여기가 어디입니까?
¿Dónde estoy ahora?

돈데 에스또이 아오라

은행

mp3 **049**

계좌를 개설하고 싶은데요.
Quiero abrir una cuenta bancaria.
끼에로 아브리르 우나 꾸엔따 방까리아

해외로 송금을 하고 싶은데요.
Quiero mandar dinero al extranjero.
끼에로 만다르 디네로 알 에스뜨랑헤로

입금을 하고 싶은데요.
Quiero hacer una transferencia.
끼에로 아쎄르 우나 뜨란스페렌씨아

2백 유로짜리 수표로 주세요.
Por favor, hágame un cheque por 200 euros.
뽀르 파보르 아가메 운 체께 뽀르 도씨엔또스 에우로스

이 통장을 ATM에서 사용할 수 없어서요.
Esta libreta de banco no se puede usar en el cajero automático.
에스따 리브레따 데 방꼬 노 세 뿌에데 우사르 에넬 까헤로 아우또마띠꼬

Capítulo 6

거래에서

176

이것을 백 달러짜리 지폐로 바꿔 주세요.
Por favor, cámbieme por un billete de 100 dólares.
뽀르 파보르 깜비에메 뽀르 운 비에떼 데 씨엔또 돌라레스

카드를 잃어버렸는데 중지시켜 주세요.
Por favor, cancele mi tarjeta porque se me extravió.
뽀르 파보르 깡쎌레 미 따르헤따 뽀르께 세 메 에스뜨라비오

주소를 변경하고 싶은데요.
Quiero cambiar el domicilio.
끼에로 깜비아르 엘 도미씰리오

여기 서명을 해 주시겠어요?
¿Puede usted firmar aquí?
뿌에데 우스뗃 피르마르 아끼

비밀번호를 여기 써 주세요.
Por favor, escriba aquí su código secreto.
뽀르 파보르 에스끄리바 아끼 수 꼬디고 세끄레또

mp3 **050**

예약을 해야 하나요?
Hace falta reservar?
아쎄 팔따 레세르바르

지금 커트해 줄 수 있습니까?
¿Podria cortarme el pelo ahora?
뽀드리아 꼬르따르메 엘 뻴로 아오라

(예약할 때) 내일 10시에 부탁합니다.
Por favor, mañana a las 10 de la mañana.
뽀르 파보르 마냐나 아 라스 디에쓰 데 라 마냐나

커트만 해 주세요.
Sólo corte de pelo, por favor.
솔로 꼬르떼 데 뻴로 뽀르 파보르

(견본을 보이고) 이 스타일로 해 주세요.
Hágame este corte.
아가메 에스떼 꼬르떼

가볍게 파마를 해 주세요.
Permanente suave, por favor.
빼르마넨떼 수아베 뽀르 파보르

이발과 면도를 부탁합니다.
Por favor, córteme el pelo y aféiteme.
뽀르 파보르 꼬르떼메 엘 뻴로 이 아페이떼메

면도는 필요 없습니다.
No necesito que me afeiten.
노 네쎄시또 께 메 아페이뗀

여기서 1센티미터 정도 잘라 주세요.
**Desde aquí córteme más o menos 1
centímetro.**
데스데 아끼 꼬르떼메 마스 오 메노스 우노 쎈띠메뜨로

옆머리는 귀가 나오게 해 주세요.
Quiero que se vean las orejas.
끼에로 께 세 베안 라스 오레하스

사진촬영

mp3 **051**

사진을 찍어도 됩니까?
¿Puedo sacar fotos?
뿌에도 사까르 포또스

비디오를 찍을 수 있습니까?
¿Puedo usar la cámara de vídeo?
뿌에도 우사르 라 까마라 데 비데오

사진 한 장 찍어 주겠어요?
¿Podría sacarme una foto?
뽀드리아 사까르메 우나 포또

실례지만 셔터를 눌러 주시겠어요?
¡Oiga! ¿Podría presionar el botón?
오이가   뽀드리아 쁘레시오날 엘 보똔

누르시기만 하면 됩니다.
Sólo presionar.
솔로 쁘레시오나르

Capítulo 6

거리에서

플레시를 사용해도 됩니까?
¿Puedo usar el flash?

뿌에도 우사르 엘 플라시

여기 서 주세요.
Póngase aquí.

뽕가세 아끼

한 번 더 부탁합니다.
Otra más, por favor.

오뜨라 마스 뽀르 파보르

나중에 사진을 보내 드릴게요.
Le enviaré las fotos.

레 엔비아레 라스 포또스

이름과 주소를 알려 주겠어요?
¿Puede darme su nombre y su dirección?

뿌에데 다르메 수 놈브레 이 수 디렉씨온

mp3 **052**

현상을 부탁합니다.
Por favor, quiero revelar.
뽀르 파보르 끼에로 레벨라르

여기 표시한대로 인화해 주세요.
Por favor, haga copias de las tomas marcadas.
뽀르 파보르 아가 꼬삐아스 데 라스 또마스 마르까다스

이 크기로 확대해 주세요.
Por favor, haga una ampliación a este tamaño.
뽀르 파보르 아가 우나 암쁠리아씨온 아 에스떼 따마뇨

디지털카메라도 취급합니까?
¿También pueden revelar cámaras digitales?
땀비엔 뿌에덴 레벨라르 까마라스 디히딸레스

한 장씩 부탁합니다.
Uno de cada, por favor.
우노 데 까다 뽀르 파보르

휴대폰 카메라 것도 인화가 됩니까?
¿Pueden imprimir también las del teléfono móvil?
뿌에덴 임쁘리미르 땀비엔 라스 델 뗄레포노 모빌

여권용 증명사진을 찍고 싶습니다.
Quiero sacarme una foto para el pasaporte.
끼에로 사까르메 우나 포또 빠라 엘 빠사쁘르떼

셔터가 고장 났어요.
El disparador no anda bien.
엘 디스빠라도르 노 안다 비엔

지금 고칠 수 있습니까?
¿Podria arreglarlo ahora?
뽀드리아 아레글라를로 아오라

언제 됩니까?
¿Cuándo estará hecho?
꾸안또 에스따라 에초

Capítulo 6
거리에서

세탁소

mp3 **053**

드라이클리닝을 부탁합니다.
Por favor, lavado en seco.
뽀르 파보르 라바도 엔 세꼬

세탁만 해주세요.
Solamente lavarlo.
솔라멘떼 라바를로

다림질 할 필요는 없어요.
No necesito que planche.
노 네쎄시또 께 쁠랑체

여기에 소스 얼룩이 묻어 있는데 빠질까요?
Aquí hay una mancha de salsa, ¿piensa usted que se quitaría?
아끼 아이 우나 만차 데 살사 삐엔사 우스뗏 께 세 끼따리아

이건 실크니까 신경 써 주세요.
Esto es seda, tenga cuidado al tratarlo.
에스또 에스 세다 뗑가 꾸이다도 알 뜨라따를로

거리에서

바지 길이를 줄여 주겠어요?
¿Puede acortar el largo del pantalón?
뿌에데 아꼬르따르 엘 라르고 델 빤따론

허리 사이즈 수선을 부탁합니다.
Por favor, ¿puede cambiarme la talla de la cintura?
뽀르 파보르 뿌에데 깜비아르메 라 따야 데 라 씬뚜라

저녁까지 되겠습니까?
¿Estará listo para el atardecer?
에스따라 리스또 빠라 엘 아따르데쎄르

사이즈가 줄어들었네요.
Se encogió.
세 엔꼬히오

변상해 주세요!
Por favor, ¡compenselo!
뽀르 파보르 꼼뻰셀로

mp3 **054**

안경을 맞추고 싶습니다.
Quiero hacerme unas gafas nuevas.
끼에로 아쎄르메 우나스 가파스 누에바스

돋보기안경을 맞추고 싶습니다.
Quiero hacerme unas gafas de presbicia nuevas.
끼에로 아쎄르메 우나스 가파스 데 쁘레스비씨아 누에바스

검안을 부탁합니다.
Examineme la vista.
엑사미네메 라 비스따

지금 안경과 같은 도수로 해 주세요.
Ajuste la medida igual a la que tengo ahora.
아후스떼 라 메디다 이구알 아 라 께 뗑고 아오라

도수를 조금만 높여 주세요.
Por favor, ponga un poco más de aumento.
뽀르 파보르 뽕가 운 뽀꼬 마스 데 아우멘또

저는 근시입니다.
Tengo la vista corta.
떼고 라 비스따 꼬르따

도수가 있는 선글라스로 하고 싶습니다.
Quiero que me hagan las gafas de sol con aumento.
끼에로 께 메 아간 라스 가파스 데 솔 꼰 아우멘또

어떤 테가 가장 가볍습니까?
¿Qué marco es el más liviano?
께 마르꼬 에스 엘 마스 리비아노

제 안경이 망가졌어요.
Se me han roto mis gafas.
세 메 안 로또 미스 가파스

콘택트렌즈를 떨어뜨렸어요.
Se me han caido los lentes de contacto.
세 메 안 까이도 로스 렌떼스 데 꼰딱또

강	el rio	엘 리오
건전지	la pila, la batería	라 삘라, 라 바떼리아
경찰서	la policía	라 뽈리씨아
계곡	el valle	엘 바예
고원(지대)	la meseta, el altiplano	라 메세따, 엘 알띠쁠라노
공원	el parque	엘 빠르께
공중전화	el teléfono público	엘 뗄레포노 뿌블리꼬
곶(岬)	el cabo	엘 까보
관광안내소	la oficina de turismo	라 오피씨나 데 뚜리스모
광장	la plaza	라 쁠라싸
교외	las cercanías,	라스 쎄르까니아스
	las afueras	라스 아푸에라스
교차로	el cruce,	엘 끄루쎄,
	la encrucijada	라 엔끄루씨하다
구(區)	el distrito	엘 디스뜨리또
국회의사당	el Palacio de la Dieta	엘 빨라씨오 데 라 디에따
궁전	el palacio	엘 빨라씨오
극장	el teatro	엘 떼아뜨로
근처에	cerca	쎄르까
긴	largo(a)	라르고(가)
길	el camino	엘 까미노
남쪽	el sur	엘 수르

단어만 말해도 뜻은 통한다!

농장	la granja, la hacienda	라 그랑하, 라 아씨엔다
다리	el puente	엘 뿌엔떼
대로(大路)	la avenida	라 아베니다
대성당	la catedral	라 까떼드랄
대학	la universidad	라 우니베르시닷
도로(길)	la calle	라 까예
도로를 건너다	cruzar la calle	끄루싸르 라 까예
도서관	la biblioteca	라 비블리오떼까
도시	la ciudad	라 씨우닷
도심	el centro de la ciudad	엘 쎈뜨로 데 라 씨우닷
동굴	la cueva	라 꾸에바
동물원	el parque zoológico	엘 빠르께 쏠로히꼬
동쪽	el este	엘 에스떼
뒤에	detrás	데뜨라스
들판	el campo	엘 깜뽀
(~을) 따라서	a lo largo de ~	아 로 라르고 데 ~
똑바로 가다	ir todo recto	이르 또도 렉또
마을(시골)	el pueblo, la aldea	엘 뿌에블로, 라 알데아
막다른 곳	el fondo	엘 폰도
만(灣)	el golfo, la bahía	엘 골포, 라 바이아
맞은편	el otro lado	엘 오뜨로 라도
멀리	lejos	레호스

(~의) 모퉁이	la esquina de ~	라 에스끼나 데 ~
묘	la tumba	라 뚬바
묘지	el cementerio	엘 쎄멘떼리오
바다	el mar	엘 마르
박물관(미술관)	el museo	엘 무세오
반도	la península	라 뻬닌술라
버스정류장	la parada de autobús	라 빠라다 데 아우또부스
버스터미널	la terminal de autobuses	라 떼르미날 데 아우또부세스
병원	el hospital	엘 오스삐딸
보도(인도)	la acera	라 아쎄라
부두	el muelle	엘 뮤에예
북쪽	el norte	엘 노르떼
분(分)	el minuto	엘 미누또
분수	la fuente	라 푸엔떼
사막	el desierto	엘 데시에르또
산	la montaña	라 몬따냐
산책 길	el paseo, el camino	엘 빠세오, 엘 까미노
상점가	el centro comercial	엘 쎈뜨로 꼬메르씨알
서쪽	el oeste	엘 오에스떼
섬	la isla	라 이슬라
성(城)	el castillo	엘 까스띠요
성당(교회)	la iglesia	라 이글레시아

 단어만 말해도 뜻은 통한다!

수도원	el monasterio	엘 모나스떼리오
수족관	el acuario	엘 아꾸아리오
숲	el bosque	엘 보스께
스타디움	el estadio	엘 에스따디오
시간	la hora	라 오라
시내(번화가)	el barrio popular	엘 바리오 뽀뿔라르
시장	el mercado	엘 메르까도
시청	el ayuntamiento	엘 아윤따미엔또
식물원	el jardin botánico	엘 하르딘 보따니꼬
신호	la señal	라 세냘
아래에	abajo	아바호
안경	las gafas	라스 가파스
앞에	delante	델란떼
언덕	la colina, la loma	라 꼴리나, 라 로마
연못(저수지)	el estanque	엘 에스땅께
영화관	el cine	엘 씨네
오른쪽으로	a la derecha	아 라 데레차
오른쪽으로 가다	doblar a la derecha	도블라르 아 라 데레차
온천	las aguas	라스 아구아스
왼쪽으로	a la izquierda	아 라 이쓰끼에르다
왼쪽으로 가다	doblar a la izquierda	도블라르 아 라 이쓰끼에르다
요새	la fortaleza	라 포르딸레싸
운하	el canal	엘 까날

Capítulo 6

거리에서 단어

191

위에	sobre	소브레
유원지	el parque de juegos infantiles	엘 빠르께 데 후에고스 인판띨레스
유적	las ruinas	라스 루이나스
육교	el puente elevado para peatones	엘 뿌엔떼 엘레바도 빠라 뻬아또네스
육지	la tierra	라 띠에라
이슬람사원	la mezquita	라 메쓰끼따
잘못 알다	equivocar	에끼보까르
장소	el sitio, el lugar	엘 시띠오, 엘 루가르
정원	el jardin	엘 하르딘
조금	un poco	운 뽀꼬
주(州)	la provincia, el estado	라 쁘로빙씨아, 엘 에스따도
주택지	la zona residencial	라 쏘나 레시덴씨알
중앙에	en el centro	에넬 쎈뜨로
중앙우체국	el correo central	엘 꼬레오 쎈뜨랄
지대	la zona	라 쏘나
지하도	el paso subterráneo	엘 빠소 수브떼라네오
지하철역	la estación de metro	라 에스따씨온 데 메뜨로
짧은	corto(a)	꼬르또(따)
(~의) 쪽에	al lado de ~	알 라도 데 ~
철도역	la estación	라 에스따씨온

단어만 말해도 뜻은 통한다!

출입금지	Se prohibe la entrada	세 쁘로이베 라 엔뜨라다
콘택트렌즈	los lentes	로스 렌떼스
	de contacto	데 꼰딱또
타워	la torre	라 또레
투우장	la plaza de toros	라 쁠라싸 데 또로스
폭포	la cascada	라 까스까다
풍차	el molino	엘 몰리노
학교	la escuela,	라 에스꾸엘라,
	el colegio	엘 꼴레히오
한 구역	la manzana	라 만싸나
항구	el puerto	엘 뿌에르또
해변	la playa	라 쁠라야
해안	la ribera, la costa	라 리베라, 라 꼬스따
호수	el lago	엘 라고
화산	el volcán	엘 볼깐

Capítulo 7

관광

간단한 한마디

미술관에 가보고 싶습니다.

> **Quisiera ir al museo de arte.**
> 끼시에라 이르 알 무세오 아르떼

입장료는 얼마입니까?

> **¿Cuánto cuesta la entrada?**
> 꾸안또 꾸에스따 라 엔뜨라다

관광안내소

Capitulo 7

관광

mp3 **055**

관광안내소는 어디 있습니까?

¿Dónde esta la oficina de turismo?

돈데스따 라 오피씨나 데 뚜리스모

이 근처의 추천 관광지는 어디입니까?

¿Cuál es el atractivo turístico alrededor de aquí?

꾸알레스 엘 아뜨락띠보 뚜리스띠꼬 알레데도르 데 아끼

시내를 관광하고 싶은데요.

Me gustaría visitar por dentro de la ciudad.

메 구스따리아 비시따르 뽀르 덴뜨로 데 라 씨우닷

바르셀로나를 하루에 돌아보고 싶은데요.

Quisiera ver Barcelona en un día.

끼시에라 베르 바르쎌로나 엔 운 디아

시장이나 서민 생활을 볼 수 있는 곳이 좋겠어요.

Deseo ver el mercado y la vida diaria de la gente.

데세오 베르 엘 메르까도 이 라 비다 디아리아 데 라 헨떼

196

오래된 교회나 역사적인 건물에 흥미가 있습니다.
Me interesan las iglesias antiguas y las construcciones históricas.
메 인떼레산 라스 이글레시아스 안띠구아스 이 라스 꼰스뜨룩
씨오네스 이스또리까스

미술관에 가보고 싶습니다.
Quisiera ir al museo de arte.
끼시에라 이르 알 무세오 데 아르떼

입장료는 얼마입니까?
¿Cuándo vale la tarifa para entrar?
꾸안도 발레 라 따리파 빠라 엔뜨라르

한국어로 된 팸플릿 있습니까?
¿Tiene folletos turístico en coreano?
띠에네 포예또스 뚜리스띠꼬 엔 꼬레아노

관광 팸플릿이 있으면 주시겠어요?
¿Puedo recibir folletos turístico si hay?
뿌에도 레씨비르 포예또스 뚜리스띠꼬 시 아이

197

관광버스

mp3 056

마드리드 시내 관광버스가 있습니까?
¿Hay autobuses turísticos que recorren Madrid?

아이 아우또부세스 뚜리스띠꼬스 께 레꼬렌 마드릿

아스토리아 호텔에서 탈 수 있습니까?
¿Puedo cogerlo en el Hotel Astoria?

뿌에도 꼬헤를로 에넬 오뗄 아스또리아

시간은 얼마나 걸립니까?
¿Cuánto tiempo se tarda?

꾸안또 띠엠뽀 세 따르다

대기 장소는 어디입니까?
¿Dónde está el lugar de espera?

돈데스따 엘 루가르 데 에스뻬라

아이 요금은 있습니까?
¿Hay tarifa para niños?

아이 따리파 빠라 니뇨스

12월 5일 오전관광 예약을 하고 싶습니다.
Quisiera reservar el viaje organizado de mañana el 5 de diciembre.
끼시에라 레세르바르 엘 비아헤 오르가니싸도 데 마냐나 엘 씽꼬 데 디씨엠브레

몇 시 출발입니까?
A qué hora parte?
아 께 오라 빠르떼

얼마입니까?
¿Cuánto es?
꾸안또 에스

몇 분이세요?
¿Cuántas personas?
꾸안따스 뻬르소나스

어른 둘, 아이 셋입니다.
2 adultos y 3 niños.
도스 아둘또스 이 뜨레스 니뇨스

199

mp3 **057**

미술관 개관은 몇 시부터 몇 시까지입니까?
¿Desde qué hora hasta qué hora está el museo de arte abierto?
데스데 께 오라 아스따 께 오라 에스따 엘 무세오 데 아르떼 아
비에르또

입장료는 얼마입니까?
¿Cuánto es la entrada?
꾸안또 에스 라 엔뜨라다

몇 시에 닫습니까?
¿A qué hora se cierra?
아 께 오라 세 씨에라

(ID카드를 보이며) 이 카드로 할인 받을 수 있습니까?
¿Se puede más barato con esta tarjeta?
세 뿌에데 마스 바라또 꼰 에스따 따르헤따

가방을 맡겨야 합니까?
¿Hay que guardar la bolsa?
아이 께 구아르다르 라 볼사

짐을 맡길 수 있는 데가 있습니까?
¿Hay algún lugar donde se pueda guardar el equipaje?
아이 알군 루가르 돈데 세 뿌에다 구아르다르 엘 에끼빠헤

이 화가의 그림을 구입할 수 있습니까?
¿Está en venta la pintura de este pintor?
에스따 엔 벤따 라 삔뚜라 데 에스떼 삔또르

이 화가의 그림엽서도 있습니까?
¿Tiene postales de este pintor también?
띠에네 뽀스딸레스 데 에스떼 삔또르 땀비엔

기념품점은 어디 있습니까?
¿Dónde está la tienda de regalos?
돈데스따 라 띠엔다 데 레갈로스

팸플릿은 어디서 살 수 있습니까?
¿Dónde venden los folletos?
돈데 벤덴 로스 포예또스

영화·연극

Capítulo 7

관광

mp3 **058**

영화를 보러 가고 싶은데요.
Quiero ir al cine.
끼에로 이르 알 씨네

오페라는 어디서 볼 수 있습니까?
¿Dónde se presenta la ópera?
돈데 세 쁘레센따 라 오뻬라

지금 인기 있는 것은 무엇입니까?
¿Que es popular ahora?
께 에스 뽀뿔라르 아오라

오늘밤에 무얼 합니까?
¿Qué ponen esta noche?
께 뽀넨 에스따 노체

공연은 몇 시에 시작합니까(끝납니까)?
¿A qué hora empieza(termina)?
아 께 오라 엠삐에싸(떼르미나)

202

입장료는 얼마입니까?
¿Cuánto cuesta la entrada?

꾸안또 꾸에스따 라 엔뜨라다

가장 싼 좌석은 얼마입니까?
¿Cuánto vale la plaza más barata?

꾸안또 발레 라 쁠라싸 마스 바라따

여기서 표를 살 수 있습니까?
¿Se venden las entradas aquí?

세 벤덴 라스 엔뜨라다스 아끼

금요일 사르스웰라 티켓 2장 주세요.
**Quisiera comprar dos billetes de la
Zarzuela para el viernes que viene.**

끼시에라 꼼쁘라르 도스 비예떼스 데 라 싸르쑤엘라 빠라 엘

비에르네스 께 비에네

여기 빈자리입니까?
¿Está libre este asiento?

에스따 리브레 에스떼 아시엔또

놀이시설·유원지

mp3 **059**

Capítulo 7

관광

어른도 즐길 수 있는 놀이시설을 가르쳐 주세요.
¿Me puede recomendar un parque temático donde también los mayores puedan disfrutar?
메 뿌에데 레꼬멘다르 운 빠르께 떼마띠꼬 돈데 땀비엔 로스
마요레스 뿌에단 디스프루따르

어떻게 가는지 가르쳐 주시겠어요?
¿Me puede enseñar cómo se va?
메 뿌에데 엔세냐르 꼬모 세 바

몇 명 이상이어야 단체할인이 됩니까?
¿A partir de cuántas personas hacen el descuento para grupos?
아 빠르띠르 데 꾸안따스 뻬르소나스 아쎈 엘 데스꾸엔또 빠라
그루뽀스

하루 자유이용권은 얼마입니까?
¿Cuánto cuesta el pasaje libre de un día entero?
꾸안또 꾸에스따 엘 빠사헤 리브레 데 운 디아 엔떼로

204

야간은 몇 시부터 입장합니까?
¿A qué hora se permite entrar para la función nocturna?
아 께 오라 세 뻬르미떼 엔뜨라르 빠라 라 풍씨온 녹뚜르나

사람이 붐비지 않는 해수욕장을 찾고 있습니다.
Estoy buscando una playa donde no haya mucha gente.
에스또이 부스깐도 우나 쁠라야 돈데 노 아야 무차 헨떼

여기서 제일 가까운 스키장은 어디입니까?
¿Dónde queda el campo de esquí más cerca de aquí?
돈데 께다 엘 깜뽀 데 에스끼 마스 쎄르까 데 아끼

리프트 표는 어디서 사야 하나요?
¿Dónde puedo comprar el billette para el telesquí?
돈데 뿌에도 꼼쁘라르 엘 비예떼 빠라 엘 뗄레스끼

관광 필수단어

Capítulo 7

단어

가이드	la guía	라 기아
개장시간	los horas abiertas	로스 오라스 아비에르따스
경기	el partido	엘 빠르띠도
계절	la estación	라 에스따씨온
고전음악	la música clásica	라 무시까 끌라시까
골프	el golf	엘 골프
골프채	el palo de golf	엘 빨로 데 골프
관광	el turismo	엘 뚜리스모
관광버스	el autobús de turismo	엘 아우또부스 데 뚜리스모
관광안내소	la oficina de turismo	라 오피씨나 데 뚜리스모
국왕의	real	레알
글라이더	el planeador	엘 쁠라네아도르
기념비	el monumento	엘 모누멘또
기다리는 시간	la hora de cita	라 오라 데 씨따
낚시도구	los avíos de pescar	로스 아비오스 데 뻬스까르
낚시를 하다	pescar con caña	뻬스까르 꼰 까냐
남자화장실	el caballero, el señor	엘 까바예로, 엘 세뇨르
낮 공연	la matinée	라 마띠네
노선도	el mapa	엘 마빠
노인	el anciano	엘 앙씨아노
높은(높이)	alto(a)	알또(따)

다음 상영	la próxima presentación	라 쁘록시마 쁘레센따씨온
당일치기관광	el viaje de un día	엘 비아헤 데 운 디아
대기 장소	el lugar de espera	엘 루가르 데 에스뻬라
대중교통	el transporte público	엘 뜨란스뽀르떼 뿌블리꼬
대중교통노선도	la ruta de transportes públicos	라 루따 데 뜨란스뽀르떼스 뿌블리꼬스
댄스	el baile, la danza	엘 바일레, 라 단싸
등산	el alpinismo, el montañismo	엘 알삐니스모, 엘 몬따니스모
디스코 장	la discoteca	라 디스꼬떼까
막간	el entreacto, el intermedio	엘 엔뜨레악또, 엘 인떼르메디오
매일	todos los días, cada día	또도스 로스 디아스, 까다 디아
매표소	la agencia de billetes	라 아헨씨아 데 비예떼스
명소	el sitio famoso, el lugar célebre	엘 시띠오 파모소 엘 루가르 쎌레브레
무대	el tablado, la escena	엘 따블라도, 라 에쎄나
뮤지컬	el teatro musical	엘 떼아뜨로 무시칼
미끼	el cebo	엘 쎄보
민속음악	la música folklórica	라 무시까 폴끌로리까
반일관광	el viaje de medio día	엘 비아헤 데 메디오 디아

발레	el ballet	엘 발레
밤 공연	el nocturno	엘 녹뚜르노
배우(남성)	el actor	엘 악또르
배우(여성)	la actriz	라 악뜨리쓰
보트	el remo	엘 레모
복귀	el regreso	엘 레그레소
볼링	el juego de bolos	엘 후에고 데 볼로스
비극	la tragedia	라 뜨라헤디아
비싼(가격)	caro(a)	까로(라)
비어있는	libre	리브레
빌리다	prestar	쁘레스따르
사르스웰라	la zarzuela	라 싸르쑤엘라
사용 중인	ocupado	오꾸빠도
사이클링	el ciclismo	엘 씨끌리스모
사적	el lugar histórico	엘 루가르 이스또리꼬
사진	la fotografía,	라 포또그라피아,
	la foto	라 포또
상(像)	la estatua	라 에스따뚜아
상영 중인 영화	la película que se	라 뻴리꿀라 께 세
	está presentando	에스따 쁘레센딴도
	ahora	아오라
서머타임	el horario de verano	엘 오라리오 데 베라노
서커스	el circo	엘 씨르꼬

단어만 말해도 뜻은 통한다!

서핑을 하다	jugar al surf	후가르 알 수르프
쇼(구경거리)	el espectáculo	엘 에스뻭따꿀로
수영	la natación	라 나따씨온
수영복	el traje de baño,	엘 뜨라헤 데 바뇨,
	el traje de bañador	엘 뜨라헤 데 바냐도르
수탁증	el talón	엘 딸론
스노클링	el tubo snorkel buceo	엘 뚜보 스노르껠 부쎄오
스카이다이빙	el paracaidismo	엘 빠라까이디스모
스케이트를 타다	patinar	빠띠나르
스쿠버다이빙	el buceo	엘 부쎄오
스키 스틱	el bastón de esquiar	엘 바스똔 데 에스끼아르
스키 코스	la pista de esquí	라 삐스따 데 에스끼
스키를 타다	esquiar	에스끼아르
스포츠	el deporte	엘 데뽀르떼
승마	la equitación	라 에끼따씨온
시간표	el horario	엘 오라리오
시내지도	el plano de la ciudad	엘 쁠라노 데 라 씨우닷
시장	el mercado	엘 메르까도
신발	los zapatos	로스 싸빠또스
아이	el niño, la niña	엘 니노, 라 니냐
야간 관광	el viaje nocturno	엘 비아헤 녹뚜르노
야구	el béisbol	엘 베이스볼
어른	el adulto	엘 아둘또

관광 필수단어

Capítulo 7

관광 단어

여자화장실	la dama,	라 다마,
	la señora	라 세뇨라
여행사	la agencia de viajes	라 아헨씨아 데 비아헤스
연극(극장)	el teatro	엘 떼아뜨로
연중행사	el evento anual	엘 에벤또 아누알
영업시간	los horas	로스 오라스
	de comercio	데 꼬메르씨오
영화(영화관)	el cine	엘 씨네
예고편	el avance	엘 아반쎄
예매석	la entrada anticipada	라 엔뜨라다 안띠씨빠다
예매소	la venta de entradas	라 벤따 데 엔뜨라다스
예약	la reserva	라 레세르바
예약금	el importe de reserva	엘 임뽀르떼 데 레세르바
오락(여흥)	la diversión	라 디베르시온
오전관광	el viaje por	엘 비아헤 뽀르
	la mañana	라 마냐나
오케스트라	la orquesta	라 오르께스따
오페라	la ópera	라 오뻬라
요금(요금표)	la tarifa	라 따리파
요트	el yate, el balandro	엘 야떼, 엘 발란드로
유람선	el barco de recreo	엘 바르꼬 데 레끄레오
유람여행	la excursión	라 에스꾸르시온
유아	el bebé	엘 베베

인형극	el teatro de títeres	엘 떼아뜨로 데 띠떼레스
1층석	la orquesta	라 오르께스따
입구	la entrada	라 엔뜨라다
입석	las localidades de pie	라스 로깔리다데스 데 삐에
입장료	la tarifa de entrada	라 따리파 데 엔뜨라다
입장무료	Entrada gratis, Entrada libre	엔뜨라다 그라띠스, 엔뜨라다 리브레
자유석	el asiento libre	엘 아시엔또 리브레
저녁식사	la cena	라 쎄나
전람회(박람회)	la exhibición, la exposición	라 에스이비씨온, 라 에스뽀시씨온
점심식사	el almuerzo, la comida	엘 알무에르쏘, 라 꼬미다
주말	el fin de semana	엘 핀 데 세마나
주요한	principal	쁘린씨빨
주의	la atención	라 아뗀씨온
중2층	el entresuelo	엘 엔뜨레수엘로
지정석	el asiento enumerado	엘 아시엔또 에누메라도
지휘자	el director	엘 디렉또르
진기한	raro, curioso	라로, 꾸리오소
질문	la pregunta	라 쁘레군따

촬영금지	Prohibido sacar fotos	쁘로이비도 사까르 포또스
최상층석(3등석)	la galería, el paraíso	라 갈레리아, 엘 빠라이소
축구	el fútbol	엘 풋볼
축제	el festival, la fiesta	엘 페스띠발, 라 피에스따
출구	la salida	라 살리다
출발	la partida	라 빠르띠다
카누	la canoa	라 까노아
카지노	el casino	엘 까시노
칸막이 석	el palco	엘 빨꼬
캠핑을 하다	acampar,	아깜빠르,
	hacer camping	아쎄르 깜삥
콘서트	el concierto	엘 꽁씨에르또
타이틀	el titulo	엘 띠뚤로
투우	la corrida de toros	라 꼬리다 데 또로스
투우장	la plaza de toros	라 쁠라싸 데 또로스
특별행사	el evento especial	엘 에벤또 에스뻬씨알
판매중인	en venta	엔 벤따
팸플릿	el folleto	엘 포예또
퍼레이드	el desfile	엘 데스필레
평일	el día laborable	엘 디아 라보라블레
포함하다	incluir	잉끌루이르
플라멩코	el flamenco	엘 플라멩꼬

단어만 말해도 뜻은 통한다!

하루관광	el viaje del día entero	엘 비아헤 델 디아 엔떼로
학생(중·고등)	el estudiante	엘 에스뚜디안떼
학생할인	el descuento para estudiantes	엘 데스꾸엔또 빠라 에스뚜디안떼스
한 사람 당	por persona	뽀르 뻬르소나
햇빛	la luz del sol	라 루쓰 델 솔
호텔리스트	la lista de hoteles	라 리스따 데 오뗄레스
화장실	el servicio, el baño, el aseo	엘 세르비씨오 엘 바뇨, 엘 아세오
휴대품보관소	el guardarropa	엘 구아르다로빠
희극	la comedia, la farsa	라 꼬메디아, 라 파르사

Capítulo 7

단어

관광 필수단어

Capítulo 7

단어
필수

스페인의 공휴일

신년 (1월 1일)	Año Nuevo 아뇨 누에보
동방박사의 날 (1월 6일)	Día de Epifania del Señor 디아 데 에삐파니아 델 세뇨르
아버지의 날 (3월 19일)	Día de Padre 디아 데 빠드레
부활절 (4월 17~18일)	Semana Santa 세마나 산따
노동절 (5월 1일)	Fiesta del Trabajo 피에스따 델 뜨라바호
마드리드의 날 (5월 2일)	Día de la Comunidad de Madrid 디아 데 라 꼬무니닷 데 마드릿
마드리드 수호성인 의 날(5월 15일)	Día de San Isidro 디아 데 산 이시드로

단어만 말해도 뜻은 통한다!

성모승천일 (8월 15일)	Asuncíon de la Virgen 아순씨온 데 라 비르헨
신대륙발견 기념일 (10월 12일)	Fiesta Nacional de España 피에스따 나씨오날 데 에스빠냐
모든 성인의 날 (11월 1일)	Día de Todos los Santos 디아 데 또도스 로스 산또스
수호성인의 날 (11월 9일)	Día de Nuestra Señora de la Almudeña 디아 데 누에스뜨라 셰뇨라 데 라 알무데냐
제헌절 (12월 6일)	Día de la Constitución Española 디아 데 라 꼰스띠뚜씨온 에스빠뇰라
성령수태일 (12월 8일)	Inmaculada Concepción 인마꿀라다 꼰쎕씨온
크리스마스 (12월 25일)	Navidad del Señor 나비닷 델 셰뇨르

Capítulo 8

교통기관

간단한 한마디

이 주소로 가고 싶습니다.

Quiero ir este domicilio.
끼에로 이르 에스떼 도미씰리오

이 열차가 마드리드로 갑니까?

¿Este tren va a Madrid?
에스떼 뜨렌 바 아 마드릿

택시를 불러 주시겠어요?
¿Puede llamar a un taxi para mí?
뿌에데 야마르 아 운 딱시 빠라 미

이 주소로 가고 싶습니다.
Quiero ir este domicilio.
끼에로 이르 에스떼 도미씰리오

바라하스 공항 출발 로비까지 부탁합니다.
Por pavor, lléveme hasta el aeropuerto de Barajas justo a la sala de salida.
뽀르 파보르 예베메 아스따 엘 아에로뿌에르또 데 바라하스 후스또 아 라 살라 데 살리다

요금은 얼마나 되겠습니까?
¿Cuánto costaría la tarifa?
꾸안또 꼬스따리아 라 따리파

좀 무거운데 도와주시겠어요?
Esto pesa un poco, ¿podría usted ayudarme?
에스또 뻬사 운 뽀꼬 뽀드리아 우스뗏 아유다르메

짐이 있는데 트렁크를 열어 주시겠어요?
Tengo algo de equipaje, ¿podría abrir el maletero?
뗑고 알고 데 에끼빠헤 뽀드리아 아브리르 엘 말레떼로

좀 급합니다.
Tengo un poco de prisa.
뗑고 운 뽀꼬 데 쁘리사

지름길은 없습니까?
¿No habrá una ruta corta que se pueda llegar más rápido?
노 아브라 우나 루따 꼬르따 께 세 뿌에다 예가르 마스 라삐도

저 입구에서 내려 주세요.
Por favor, déjeme en esa entrada.
뽀르 파보르 데헤메 엔 에사 엔뜨라다

거스름돈은 필요 없어요.
No quiero el cambio.
노 끼에로 엘 깜비오

버스

mp3 **061**

산마르틴으로 가는 버스 정류장은 어디입니까?

¿Dónde está la parada de autobús a San Martín?

돈데스따 라 빠라다 데 아우또부스 아 산 마르띤

산마르틴으로 몇 번 버스가 갑니까?

¿Qué número de autobús va a San Martín?

께 누메로 데 아우또부스 바 아 산 마르띤

요금은 탈 때 냅니까, 내릴 때 냅니까?

¿Se paga al subir o al bajar del autobús?

세 빠가 알 수비르 오 알 바하르 델 아우또부스

산마르틴까지 요금은 얼마입니까?

¿Cuánto cuesta a San Martín?

꾸안또 꾸에스따 아 산 마르띤

시간은 얼마나 걸립니까?

¿Cuánto tiempo se tarda?

꾸안또 띠엠뽀 세 따르다

Capítulo 8

교통기관

산마르틴까지 몇 정거장입니까?
¿Cuántas paradas nos faltan a San Martín?
꾸안따스 빠라다스 노스 팔딴 아 산 마르띤

고속버스 표 파는 곳은 어디 있습니까?
¿Dónde está la taquilla de billetes para el autocar expreso?
돈데스따 라 따끼야 데 비예떼스 빠라 엘 아우또까르 에스쁘레소

발렌시아 행 승강장은 몇 번입니까?
¿Qué número va para Valencia?
께 누메로 바 빠라 발렝씨아

발렌시아에 도착하면 알려 주세요.
Digame cuando llegamos a Valencia.
디가메 꾸안도 예가모스 아 발렝씨아

여기서 내려 주세요.
Quiero bajar aquí.
끼에로 바하르 아끼

열차표 사기

mp3 062

다음 구간을 이용하고 싶은데 알맞은 열차를 가르쳐 주세요.
Quisiera que me enseñe el tren adecuado.
끼시에라 께 메 엔세녜 엘 뜨렌 아데꾸아도

마드리드까지 특별석 표 두 장 주세요.
Dos billetes del cuarto especial a Madrid, por favor.
도스 비예떼스 델 꾸아르또 에스뻬씨알 아 마드릿 뽀르 파보르

일반석 왕복표 세 장 주세요.
Tres billetes del cuarto regular de ida y vuelta.
뜨레스 비예떼스 델 꾸아르또 레굴라르 데 이다 이 부엘따

할인 승차권은 없습니까?
¿Hay algún billete de tarifa reducida?
아이 알군 빌예떼 데 따리파 레두씨다

일반실입니까, 특실입니까?
¿Quiere usted un cuarto regular o un cuarto especial?
끼에레 우스뗏 운 꾸아르또 레굴라르 오 운 꾸아르또 에스뻬씨알

Capítulo 8

교통기관

222

마드리드행 탈고 열차로 어른 두 장, 아이 한 장 주세요.
Deme dos billetes para adultos y uno para niños del tren TALGO a Madrid.
데메 도스 비예떼스 빠라 아둘또스 이 우노 빠라 니뉴스 델 뜨 렌 딸고 아 마드릿

마드리드까지 침대차 요금은 얼마입니까?
¿Cuánto cuesta la litera a Madrid?
꾸안또 꾸에스따 라 리떼라 아 마드릿

바르셀로나까지 얼마나 걸립니까?
¿Cuántas horas serían desde aquí a Barcelona?
꾸안따스 오라스 세리안 데스데 아끼 아 바르쎌로나

마드리드 행 다음 열차는 몇 시에 출발합니까?
¿Cuándo sale el próximo tren a Madrid?
꾸안도 살레 엘 쁘록시모 뜨렌 아 마드릿

도중에서 내릴 수 있습니까?
¿Puedo bajarme en el camino?
뿌에도 바하르메 에넬 까미노

열차·지하철 타기

mp3 063

이 열차가 마드리드로 갑니까?
¿Este tren va a Madrid?
에스떼 뜨렌 바 아 마드릿

발차시간은 몇 시입니까?
¿A qué hora sale el tren?
아 께 오라 살레 엘 뜨렌

다음 정차 역은 어디입니까?
¿Cuál es la próxima estación?
꾸알레스 라 쁘록시마 에스따씨온

여기서 얼마나 정차합니까?
¿Cuánto tiempo quedamos aquí?
꾸안또 띠엠뽀 께다모스 아끼

콜론 광장에 가려면 어느 출구로 나가야 합니까?
¿Cúal es la salida para llegar a la Plaza de Colón?
꾸알레스 라 살리다 빠라 예가르 아 라 쁠라싸 데 꼴론

시내 지하철 노선도는 어디서 구할 수 있습니까?
¿Dónde puedo conseguirme el mapa de la ruta del metro urbano?
돈데 뿌에도 꼰세기르메 엘 마빠 데 라 루따 델 메뜨로 우르바노

바르셀로나 행은 몇 번 플랫폼입니까?
¿Qué número es el andén para Barcelona?
께 누메로 에스 엘 안뎅 빠라 바르쎌로나

어디서 3호선으로 갈아타면 됩니까?
¿Dónde tengo que cambiar para tomar la línea 3?
돈데 뗑고 께 깜비아르 빠라 또마르 라 리네아 뜨레스

열차는 몇 시가 막차(첫차)입니까?
¿A qué hora sale el último(primer) tren?
아 께 오라 살레 엘 울띠모(엘 쁘리메르) 뜨렌

짐을 선반에 올려 주시겠습니까?
¿Podría poner mi equipaje sobre la rejilla?
뽀드리아 뽀네르 미 에끼빠헤 소브레 라 레히야

배 여행

mp3 **064**

고속 페리는 예약을 해야 합니까?
Para el transbordador expreso, ¿se necesita hacer una reserva?
빠라 엘 뜨란스보르다도르 에스쁘레소 세 네쎄시따 아쎄르 우나 레세르바

고속 페리 여객터미널은 어디입니까?
¿Dónde está terminal del transbordador expreso?
돈데스따 떼르미날 델 뜨란스보르다도르 에스쁘레소

항구에는 어떻게 갑니까?
¿Cómo puedo ir al puerto?
꼬모 뿌에도 이르 알 뿌에르또

이비자 섬까지 선실을 예약하고 싶습니다.
Quiero reservar un camarote a la isla Ibiza.
끼에로 레세르바르 운 까마로떼 아 라 이슬라 이비싸

어느 객실이 가장 쌉니까?
¿Cuál es el billete más barato?
꾸알레스 마스 엘 비예떼 바라또

1인 선실은 얼마입니까?
¿Cuánto cuesta un camarote individual?
꾸안또 꾸에스따 운 까마로떼 인디비두알

이비자 섬까지 2등 객실 표 1장 주세요.
Por favor, deme billete de segunda clase a la isla Ibiza.
뽀르 파보르 데메 비예떼 데 세군다 끌라세 아 라 이슬라 이비싸

이비자 섬까지 시간은 얼마나 걸립니까?
¿Cuanto tiempo se tarda a la isla Ibiza?
꾸안또 띠엠뽀 세 따르다 아 라 이슬라 이비싸

몇 시에 승선해야 합니까?
A qué hora tengo que embarcarme?
아 께 오라 뗑고 께 엠바르까르메

렌터카

mp3 **065**

차를 빌리고 싶습니다.
Quiero alquilar un coche.
끼에로 알낄라르 운 꼬체

소형차를 일주일 빌리고 싶습니다.
Quiero alquilar un coche pequeño por una semana.
끼에로 알낄라르 운 꼬체 뻬께뇨 뽀르 우나 세마나

4륜구동차가 필요합니다.
Necesito un coche de doble tracción.
네쎄시또 운 꼬체 데 도블레 뜨락씨온

렌탈료는 하루 얼마입니까?
¿Cuanto el precio de alquiler por día?
꾸안또 엘 쁘레씨오 데 알낄레르 뽀르 디아

요금표를 보여 주세요.
Enséñame la tarifa, por favor.
엔세냐메 라 따리파 뽀르 파보르

Capítulo 8

교통기관

바르셀로나에서 차를 반환해도 됩니까?
¿Puedo dejar el coche en Barcelona?
뿌에도 데하르 엘 꼬체 엔 바르쎌로나

보험에 들어 있습니까?
¿Está asegurado?
에스따 아세구라도

요금은 선불입니까?
¿Se paga por adelantado?
세 빠가 뽀르 아델란따도

문제가 생기면 어디로 전화하면 됩니까?
¿Dónde puedo contactar en caso de algún problema?
돈데 뿌에도 꼰딱따르 엔 까소 데 알군 쁘로블레마

이 차를 반환하고 싶습니다.
Quiero devolver este coche.
끼에로 데볼베르 에스떼 꼬체

mp3 **066**

이 근처에 주유소는 어디 있습니까?
¿Dónde hay una estación de gasolinas cerca de aquí?
돈데 아이 우나 에스따씨온 데 가솔리나스 쎄르까 데 아끼

이 근처에 LPG충전소는 어디 있습니까?
¿Dónde puedo cargar gas propano cerca de aquí?
돈데 뿌에도 까르가르 가스 쁘로빠노 쎄르까 데 아끼

가득 넣어 주세요.
Por favor, llene el tanque de gasolina.
뽀르 파보르 예네 엘 땅께 데 가솔리나

20유로어치 넣어주세요.
Por favor, llene por 20 euros.
뽀르 파보르 예네 뽀르 베인떼 에우로스

도로지도 있습니까?
¿Tiene mapa de carreteras?
띠에네 마빠 데 까레떼라스

타이어를 점검해 주시겠어요?

¿Podría examinar la llanta?

뽀드리아 엑사미나르 라 얀따

쓰레기를 버려 주시겠어요?

¿Puede tirar la basura por favor?

뿌에데 띠라르 라 바수라 뽀르 파보르

세차장은 어디 있습니까?

¿Dónde está el lava-coches?

돈데스따 엘 라바 꼬체스

세차 요금은 얼마입니까?

¿Cuánto cuesta la tarifa para el lava-coches?

꾸안또 꾸에스따 라 따리파 빠라 엘 라바 꼬체스

화장실이 어디입니까?

¿Dónde está el servicio?

돈데스따 엘 세르비씨오

제 차가 이상해요.
Mi coche no anda bien.
미 꼬체 노 안다 비엔

차를 수리하려면 어디로 가야 합니까?
¿Dónde puedo ir para que me reparen el coche?
돈데 뿌에도 이르 빠라 께 메 레빠렌 엘 꼬체

차를 점검해 주세요.
Por favor, revise el coche.
뽀르 파보르 레비세 엘 꼬체

시동이 안 걸려요!
¡Se me ha calado el motor!
세 메 아 깔라도 엘 모또르

배터리가 방전됐어요!
La batería está descargada.
라 바떼리아 에스따 데스까르가다

정비사를 불러 주세요.
  Llame al mecánico.
  야메 알 메까니꼬

수리비 견적을 부탁합니다.
  ¿Por favor, me hace un presupuesto?
  뽀르 파보르 메 아쎄 운 쁘레수뿌에스또

수리하는데 얼마나 걸립니까?
  ¿Cuánto tiempo se tarda en arreglarlo?
  꾸안또 띠엠뽀 세 따르다 엔 알레글라를로

타이어 공기압을 봐주세요.
  Por favor, vea la presión del neumático.
  뽀르 파보르 베아 라 쁘레시온 델 네우마띠꼬

엔진오일을 보충해 주세요.
  Llene el aceite de motor, por favor.
  예네 엘 아쎄이떼 데 모또르 뽀르 파보르

교통기관 필수단어

가솔린	la gasolina	라 가솔리나
간이식당	el bufet	엘 부페
간이침대(열차)	la litera	라 리떼라
갈아타다	transbordarse	뜨란스보르다르세
갑판	la cubierta del barco	라 꾸비에르따 델 바르꼬
개찰구	el portillo de andén	엘 뽀르띠요 데 안덴
공항	el aeropuerto	엘 아에로뿌에르또
교외전차	el tren de cercanias	엘 뜨렌 데 쎄르까니아스
국경	la frontera	라 프론떼라
국제운전면허증	el carné de conducil internacional	엘 까르네 데 꼰두실 인떼르나씨오날
근교	las cercanías	라스 쎄르까니아스
금연차	el coche no fumador	엘 꼬체 노 푸마도르
급행열차	el tren rápido	엘 뜨렌 라삐도
긴급출동서비스	el servicio de carreteras en emergencia	엘 세르비씨오 데 까레떼라스 엔 에메르헨씨아
내리다	bajar	바하르
노면전차	el tranvía	엘 뜨란비아
노선	la ruta, la linea	라 루따, 라 리네아
노선도	el mapa de lineas	엘 마빠 데 리네아스
다음 모퉁이에서	a la próxima esquina	아 라 쁘록시마 에스끼나
대합실	la sala de espera	라 살라 데 에스뻬라

Capitulo 8

단어

뒤에	detrás	데뜨라스
디젤	el motor diesel	엘 모또르 디에셀
레귤러 가솔린	la gasolina regular	라 가솔리나 레굴라르
렌터카	el coche de alquiler, el rent-a-car	엘 꼬체 데 알낄레르, 엘 렌따까르
매일	diario	디아리오
매표소	la taquilla	라 따끼야
목적지	el destino	엘 데스띠노
무연 가솔린	la gasolina sin plomo	라 가솔리나 신 쁠로모
반환하다	devolver	데볼베르
발차하다	salir	살리르
방향	la dirección	라 디렉씨온
배터리를 충전하다	cargar la batería	까르가르 라 바떼리아
배	el barco	엘 바르꼬
버스	el autobús	엘 아우또부스
버스정류장	la parada de autobús	라 빠라다 데 아우또부스
버스터미널	la terminal de autobuses	라 떼르미날 데 아우또부세스
보통객차	el coche normal de pasajeros	엘 꼬체 노르말 데 빠사헤로스
보통열차	el tren normal	엘 뜨렌 노르말
보트	el bote	엘 보떼
분실물	el objeto perdido	엘 오브헤또 뻬르디도

Capítulo 8

단어

교통기관 필수단어

분실물취급소	la oficina de objetos perdidos	라 오피씨나 데 오브헤또스 뻬르디도스
비행기	el avión	엘 아비온
사륜구동 차	el todo terreno, el coche de doble tracción	엘 또도 떼레노, 엘 꼬체 데 도블레 뜨락씨온
4인 선실	el camarote para cuatro	엘 까마로떼 빠라 꾸아뜨로
선반	la rejilla	라 레히야
선불금	el anticipo	엘 안띠씨뽀
세관	la aduana	라 아두아나
수동변속기 차	el coche con cambio manual	엘 꼬체 꼰 깜비오 마누알
수하물 보험	el seguro de equipajes de mano	엘 세구로 데 에끼빠헤스 데 마노
시간표	el horario	엘 오라리오
시내버스	el autobús ciudadano	엘 아우또부스 씨우다다노
시내의	urbano	우르바노
시인(승낙)하다	aceptar	아쎕따르
식당	el comedor	엘 꼬메도르
식당차	el coche comedor, el vágon restaurante	엘 꼬체 꼬메도르, 엘 바곤 레스따우란떼
아래층침대	la cama de abajo	라 까마 데 아바호

Capítulo 8

단어

 단어만 말해도 뜻은 통한다!

앞에	delante	델란떼
야간열차	el tren nocturno	엘 뜨렌 녹뚜르노
어른	el adulto, la adulta	엘 아둘또, 라 아둘따
어린이	el niño, la niña	엘 니뇨, 라 니냐
여객기(에어버스)	el aerobús	엘 아에로부스
역	la estación	라 에스따씨온
연료	el combustible, el carburante	엘 꼼부스띠블레, 엘 까르부란떼
열차	el tren	엘 뜨렌
영업 중인	abierto(a)	아비에르또(따)
예약확인서	la confirmación de reserva	라 꼰피르마씨온 데 레세르바
왕복표	el billete de ida y vuelta	엘 비예떼 데 이다 이 부엘따
왜건	la furgoneta	라 푸르고네따
요금(가격)	la tarifa, el precio	라 따리파, 엘 쁘레씨오
운전기사(차장)	el conductor	엘 꼰둑또르
위층침대	la cama de arriba	라 까마 데 아리바
응급실	la sala de socorro	라 살라 데 소꼬로
2등석	la segunda clase	라 세군다 끌라세
2인 선실	el camarote doble	엘 까마로떼 도블레
1등 침대차	el coche-cama de primera clase	엘 꼬체 까마 데 쁘리메라 끌라세

Capítulo 8

교통편 단어

교통기관 필수단어

1등석	la primera clase	라 쁘리메라 끌라세
1인 선실	el camarote individual	엘 까마로떼 인디비두알
임대계약서	el contrato de alquiler	엘 꼰뜨라또 데 알낄레르
입구	la entrada	라 엔뜨라다
자동변속기 차	el coche con cambio automático	엘 꼬체 꼰 깜비오 아우또마띠꼬
자동차	el coche	엘 꼬체
자동차 정비소	el taller de reparación de coches	엘 따예르 데 레빠라씨온 데 꼬체스
자전거	la bicicleta	라 비씨끌레따
장거리	el largo recorrido	엘 라르고 레꼬리도
장거리버스	el autobús de larga distancia	엘 아우또부스 데 라르가 디스땅씨아
전차(노면전차)	el tranvía	엘 뜨람비아
정기노선의	recorrido regular	레꼬리도 레굴라르
정차하다	parar	빠라르
좌석	el asiento	엘 아시엔또
주유소	la estación de servicio, la gasolinera	라 에스따씨온 데 세르비씨오, 라 가솔리네라
주차장	el aparcamiento	엘 아빠르까미엔또
주행거리	la distancia recorrida	라 디스땅씨아 레꼬리다

중간층침대	la cama intermedia	라 까마 인떼르메디아
증거	el testigo	엘 떼스띠고
지도	el mapa	엘 마빠
지정석	el asiento reservado	엘 아시엔또 레세르바도
지하철	el metro	엘 메뜨로
직행열차	el tren directo	엘 뜨렌 디렉또
짐	el equipaje	엘 에끼빠헤
차장	el cobrador,	엘 꼬브라도르,
	el revisor	엘 레비소르
철도역	la estación	라 에스따씨온
추가보험	el seguro	엘 세구로
	suplementario	수쁠레멘따리오
추가요금	el suplemento	엘 수쁠레멘또
출구(출발)	la salida	라 살리다
출발지	la procedencia	라 쁘로쎄덴씨아
출입국관리직원	el director de	엘 디렉또르 데
	emigración y	에미그라씨온 이
	inmigración	임미그라씨온
취소	la cancelación,	라 깡쎌라씨온,
	la anulación	라 아눌라씨온
침대차	el coche-cama	엘 꼬체 까마
칸막이 객실	el compartimiento	엘 꼼빠르띠미엔또
캠핑카	el coche-casa	엘 꼬체 까사

케이블카	el funicular,	엘 푸니꿀라르,
	el teleférico	엘 뗄레페리꼬
타다	subir	수비르
타이어를 교환하다	substituir un	수브스띠뚜이르 운
	neumático	네우마띠꼬
탁송하물	los equipajes	로스 에끼빠헤스
	facturación	팍뚜라씨온
탑승자 상해보험	el seguro contra	엘 세구로 꼰뜨라
	daños al tripulante	다뇨스 알 뜨리뿔란떼
택시	el taxi	엘 딱시
택시운전기사	el taxista	엘 딱시스따
통행료	el peaje	엘 뻬아헤
트롤리버스	el trolebús	엘 뜨롤레부스
특급열차	el tren expreso	엘 뜨렌 에스쁘레소
파업	la huelga	라 우엘가
펑크	el pinchazo	엘 삥차쏘
페리	el transbordador,	엘 뜨란스보르다도르,
	el ferry	엘 페리
편도표	el billete de ida	엘 비예떼 데 이다
표(티켓)	el billete	엘 비예떼
플랫폼	el andén	엘 안덴
한국 차	el coche coreano	엘 꼬체 꼬레아노
현관(로비)	el vestíbulo	엘 베스띠불로

단어만 말해도 뜻은 통한다!

환승	el cambio,	엘 깜비오,
	el transbordo	엘 뜨란스보르도
휴게실	el salón de descanso	엘 살론 데 데스깐소
휴대품보관소(철도)	la consigna	라 꼰시그나
	automática	아우또마띠까

Capítulo 9

쇼핑

간단한 한마디

이것을 주세요.

> **Me llevo esto, por favor.**
> 메 예보 에스또 뽀르 파보르

좀 싸게 안 됩니까?

> **¿No puede rebajar un poco más?**
> 노 뿌에데 레바하르 운 뽀꼬 마스

쇼핑할 때 자주 쓰는 표현(1)

mp3 **068**

이 근처에 백화점이 있습니까?
¿Hay grandes almacenes cerca de aquí?
아이 그란데스 알마쎄네스 쎄르까 데 아끼

이것을 주세요.
Me llevo esto, por favor.
메 예보 에스또 뽀르 파보르

저것을 보여 주세요.
¿Puedo verlo?
뿌에도 베를로

이건 얼마입니까?
¿Cuánto es?
꾸안또 에스

카탈로그 있습니까?
¿Tiene algún catálogo?
띠에네 알군 까딸로고

Capítulo 9

쇼핑

244

이거 주문할 수 있습니까?
¿Se puede pedir esto?
세 뿌에데 뻬디르 에스또

다른 색깔은 있습니까?
¿Tiene esto en otro color?
띠에네 에스또 엔 오뜨로 꼴로르

좀 싸게 안 됩니까?
¿No puede rebajar un poco más?
노 뿌에데 레바하르 운 뽀꼬 마스

더 싼 것은 없습니까?
¿No hay otro más barato?
노 아이 오뜨로 마스 바라또

애프터서비스는 받을 수 있습니까?
¿Hay servicios de postventa?
아이 세르비씨오스 데 뽀스뜨벤따

어서 오세요!
¡Hola! ¡Bienvenido(a)!
올라   비엔베니도(다)

무얼 찾으세요?
¿Está buscando algo?
에스따 부스깐도 알고

둘러보는 중입니다.
Solamente estoy mirando, gracias.
솔라멘떼 에스또이 미란도 그라씨아스

실례지만 잠깐 와 주세요.
¡Por favor! ¿Puede atenderme?
뽀르 파보르   뿌에데 아뗀데르메

좀 더 큰(작은) 것은 없습니까?
¿No tiene uno más grande(pequeño)?
노 띠에네 우노 마스 그란데(뻬께뇨)

Capítulo 9

쇼핑

좀 비쌉니다.
Está un poco caro.
에스따 운 뽀꼬 까로

정가제입니다.
El precio es fijo.
엘 쁘레씨오 에스 피호

신용카드 받습니까?
¿Se puede usar la tarjeta?
세 뿌에데 우사르 라 따르헤따

그것을 따로따로 포장해 주세요.
¿Podría empaquetarlos por separado?
뽀드리아 엠빠께따를로스 뽀르 세빠라도

배송료는 얼마입니까?
¿Cuánto es el gasto de envío?
꾸안또 에스 엘 가스또 데 엠비오

식료품·생활용품 사기

mp3 070

이것을 5백 그램 주세요.
Deme medio kilo de esto.
데메 메디오 낄로 데 에스또

이것을 5유로어치 주세요.
Deme 5 euros de esto.
데메 씽꼬 에우로스 데 에스또

이 쇠고기를 썰어 주세요.
Trocee esta carne de vaca, por favor.
뜨로쎄 에스따 까르네 데 바까 뽀르 파보르

무설탕 요구르트는 있습니까?
¿Tiene yogur sin azúcar?
띠에네 요구르 신 아쑤까르

유통기한은 언제까지입니까?
¿Cuándo vence la fecha de consumo?
꾸안도 벵쎄 라 페차 데 꼰수모

Capítulo 9

쇼핑

카페인 없는 커피 없습니까?
¿No tiene café sin cafeína?
노 띠에네 까페 신 까페이나

식기세척기용 세제 있습니까?
¿Tiene detergente para uso de lavaplatos automáticos?
띠에네 데떼르헨떼 빠라 우소 데 라바쁠라또스 아우또마띠꼬스

이 접시는 전자레인지에서 사용할 수 있나요?
¿Es este plato uso para microondas?
에스 에스떼 쁠라또 우소 빠라 미끄로온다스

이 비누는 부드럽습니까?
¿Es este jabón suave?
에스 에스떼 하본 수아베

이 세트로 된 식칼을 낱개로 살 수 있습니까?
¿Se puede comprar solamente el cuchillo de este juego?
세 뿌에데 꼼쁘라르 솔라멘떼 엘 꾸치요 데 에스떼 후에고

옷 사기

mp3 **071**

긴 스커트를 찾습니다.
Quisiera una falda un poco larga.
끼시에라 우나 팔다 운 뽀꼬 라르가

큰 사이즈 있습니까?
¿Tiene otro más grande?
띠에네 오뜨로 마스 그란데

이 옷감의 소재는 무엇입니까?
¿Qué clase de tela es éste?
께 끌라세 데 뗄라 에스 에스떼

화학섬유가 안 들어 간 것이 좋겠어요.
Prefiero uno que no tenga hilo sintético.
쁘레피에로 우노 께 노 뗑가 일로 신떼띠꼬

입어 봐도 됩니까?
¿Puedo probarlo?
뿌에도 쁘로바를로

Capítulo 9

쇼핑

이 디자인은 마음에 들지 않아요.

No me gusta este diseño.

노 메 구스따 에스떼 디세뇨

다른 것 있습니까?

¿Tiene otros?

띠에네 오뜨로스

색깔이 너무 화려하네요.

El color es demasiado llamativo.

엘 꼴로르 에스 데마시아도 야마띠보

다른 색 있습니까?

¿Tiene otro color?

띠에네 오뜨로 꼴로르

더 밝은 색깔은 없습니까?

¿No tiene en un color más vivo?

노 띠에네 엔 운 꼴로르 마스 비보

선물 사기

선물용으로 괜찮나요?
Para un regalo, ¿estaría bien?
빠라 운 레갈로 에스따리아 비엔

그분 키가 얼마나 되세요?
¿Cuánto mide él(ella)?
꾸안또 미데 엘(에야)

그분 나이는 얼마나 되세요?
¿Cuántos años tiene él(ella)?
꾸안또스 아뇨스 띠에네 엘(에야)

기초화장품을 보여 주세요.
¿Puede mostrarme los cosméticos básicos?
뿌에데 모스뜨라르메 로스 꼬스메띠꼬스 바시꼬스

이 립스틱은 색이 어둡네요.
El color de este pintalabios es demasiado oscuro.
엘 꼴로르 데 에스떼 삔딸라비오스 에스 데마시아도 오스꾸로 좀 밝은 색은 없습니까?
¿No tiene de un color más claro?
노 띠에네 데 운 꼴로르 마스 끌라로

포장은 어떻게 하시겠어요?
¿Cómo quiere el paquete?
꼬모 끼에레 엘 빠께떼

선물용으로 포장해 주세요.
Empaquétalo como para regalo, por favor.
엠빠께딸로 꼬모 빠라 레갈로 뽀르 파보르

상자에 넣어 주세요.
Póngalo en una caja, por favor.
뽕갈로 엔 우나 까하 뽀르 파보르

간단하게 포장해 주세요.
Empaquétalo de modo muy simple, por favor.
엠빠께딸로 데 모도 무이 심쁠레 뽀르 파보르

쇼핑

mp3 **073**

이것을 신어보고 싶은데요.
Quisiera probármelos.
끼시에라 쁘로바르멜로스

샌들을 보고 싶어요.
Quisiera ver unas sandalias.
끼시에라 베르 우나스 산달리아스

사이즈는 어떻게 되세요?
¿Qué número calza?
께 누메로 깔싸

소재는 무엇입니까?
¿De qué material es ésto?
데 께 마떼리알 에스 에스또

볼이 좀 좁은 것 같아요.
Me quedan un poco estrechos.
메 께단 운 뽀꼬 에스뜨레초스

Capítulo 9

쇼핑

254

신발 수선도 해 주나요?
¿También hacen reparaciones de zapatos?
땀비엔 아쎈 레빠라씨오네스 데 싸빠또스

여행할 때 쓰는 가방을 보여 주세요.
¿Podría mostrarme bolsas para viajar?
뽀드리아 모스뜨라르메 볼사스 빠라 비아하르

숄더백을 보여주세요.
¿Podría mostrame un bolso con tirantes del hombro, por favor?
뽀드리아 모스뜨라메 운 볼소 꼰 띠란떼스 델 옴브로 뽀르 파보르

가볍고 튼튼한 게 좋겠습니다.
Quisiera algo ligero y resistente.
끼시에라 알고 리헤로 이 레시스뗀떼

이 핸드백은 어떤 가죽으로 만든 겁니까?
¿De qué cuero está hecho este bolso?
데 께 꾸에로 에스따 에초 에스떼 볼소

쇼핑

지불

mp3 **074**

계산대가 어디 있습니까?
¿Dónde está la caja?
돈데스따 라 까하

이 카드 사용할 수 있습니까?
¿Se puede usar esta tarjeta?
세 뿌에데 우사르 에스따 따르헤따

세금이 포함된 가격입니까?
¿Están incluidos los impuestos?
에스딴 잉끌루이도스 로스 임뿌에스또스

전부 얼마입니까?
¿Cuánto es en total?
꾸안또 에스 엔 또딸

이것을 한국으로 보내줄 수 있습니까?
¿Podría mandarlo a Corea?
뽀드리아 만다를로 아 꼬레아

날짜가 얼마나 걸립니까?
¿Cuántos días se tardan?
꾸안또스 디아스 세 따르단

배송료는 얼마입니까?
¿Cuánto cuesta el porte?
꾸안또 꾸에스따 엘 뽀르떼

보증서는 있습니까?
¿Tiene un certificado de garantia?
띠에네 운 쎄르띠피까도 데 가란띠아

낱개로 포장해 주세요.
Envuelva cada uno.
엠부엘바 까다 우노

거스름돈이 틀립니다.
El vuelto está mal.
엘 부엘또 에스따 말

이걸 환불(교환)하고 싶습니다.
Quisiera devolverlo(cambiarlo).
끼시에라 데볼베를로(깜비아를로)

다른 것으로 바꿔도 됩니까?
¿Puede cambiarlo por algo diferente?
뿌에데 깜비아를로 뽀르 알고 디페렌떼

이것이 영수증입니다.
Este es el recibo.
에스떼 에스 엘 레씨보

사이즈가 맞지 않습니다.
No es mi medida.
노 에스 미 메디다

색깔이 마음에 안 듭니다.
No me gusta el color.
노 메 구스따 엘 꼴로르

흠이 있는 걸 몰랐어요.
No me fijé que había un rasguño.
노 메 피헤 께 아비아 운 라스구뇨

기계가 작동을 안 합니다.
La máquina no funciona.
라 마끼나 노 풍씨오나

주문한 것과 다른 것이 배달됐습니다.
Recibí algo diferente de lo que he pedido.
레씨비 알고 디페렌떼 데 로 께 에 뻬디도

대금은 이미 지불했습니다.
He pagado ya.
에 빠가도 야

어제 이걸 샀는데 영수증을 잃어버렸어요.
Lo compré ayer, pero he perdido el recibo.
로 꼼쁘레 아예르 뻬로 에 뻬르디도 엘 레씨보

가구	el mueble	엘 무에블레
가위	las tijeras	라스 띠헤라스
갈색	marrón	마론
같은	igual	이구알
건전지	la batería	라 바떼리아
검정	negro	네그로
격자무늬	el dibujo de cuadros	엘 디부호 데 꾸아드로스
고무지우개	la goma de borrar	라 고마 데 보라르
골동품점	la tienda de antigüedades	라 띠엔다 데 안띠구에다데스
국영 민예품점	Artespaña	아르떼스빠냐
그림물감	la acuarela	라 아꾸아렐라
그림붓	el pincel	엘 삔쎌
기성복	la confección	라 꼰펙씨온
깡통따개	el abrelatas	엘 아브렐라따스
꼭 끼는	estrecho(a), apretador(a)	에스뜨레초(차), 아쁘레따도르(라)
꽃가게	la florería	라 플로레리아
꽃무늬	el dibujos florales	디부호스 플로랄레스
끈	la cuerda, el cordel	라 꾸에르다, 엘 꼬르델
넥타이(스카프)	la corbata	라 꼬르바따
넥타이핀	el pasador de corbata	엘 빠사도르 데 꼬르바따
노랑	amarillo	아마리요

단어만 말해도 뜻은 통한다!

노트	el cuaderno	엘 꾸아데르노
다른	diferente	디페렌떼
단추	el botón	엘 보똔
더 싼	más barato(a)	마스 바라또(따)
더 작은	más pequeño(a)	마스 뻬께뇨(냐)
더 큰	más grande	마스 그란데
더러운	sucio(a)	수씨오(아)
도자기	la cerámica	라 쎄라미까
두꺼운(굵은)	grueso(a), gordo(a)	그루에소(사), 고르도(다)
로션	la loción	라 로씨온
린스	el suavizante	엘 수아비싼떼
립스틱	el lápiz de labios	엘 라삐쓰 데 라비오스
마(麻)	el cáñamo, el lino	엘 까냐모, 엘 리노
마스카라	el rímel	엘 리멜
마음에 드는	me gusta	메 구스따
만년필	la pluma estilográfica	라 쁠루마 에스띨로그라피까
망가진	roto(a)	로또(따)
맞춤복	el traje a la medias	엘 뜨라헤 아 라 메디아스
매니큐어	la manicura	라 마니꾸라
매직	la rotulador	라 로뚤라도르
매직(수성)	la rotulador de agua	라 로뚤라도르 데 아구아
매직(유성)	la rotulador de aceite	라 로뚤라도르 데 아쎄이떼
머리핀	la horquilla	라 오르끼야

Capítulo 9

소품 단어

쇼핑 필수단어

면(綿)	el algodón	엘 알고돈
면도기	la máquina de afeitar	라 마끼나 데 아페이따르
면세점	la tienda libre de impuestos	라 띠엔다 리브레 데 임뿌에스또스
모자	el sombrero	엘 솜브레로
모조품	la imitación	라 이미따씨온
목욕타월	la toalla de baño	라 또아야 데 바뇨
무늬(디자인)	el dibujo	엘 디부호
무늬 없는	sin dibujo, liso	신 디부호, 리소
무스	la espuma para el cabello	라 에스뿌마 빠라 엘 까베요
문방구점	la papelería	라 빠뻴레리아
물방울무늬	el dibujo de lunares	엘 디부호 데 루나레스
믹서	el mezclador	엘 메스끌라도르
바디솝	el champú para el cuerpo	엘 참뿌 빠라 엘 꾸에르뽀
바지	los pantalones	로스 빤딸로네스
밝은	claro(a)	끌라로(라)
방향제	el aromatizador	엘 아로마띠싸도르
베개	la almohada	라 알모아다
베개커버	la funda de almohada	라 푼다 데 알모아다
벨트	el cinturón	엘 씬뚜론
병따개	el destapador	엘 데스따빠도르

Capítulo 9

단어

보내다	mandar	만다르
보라색	violeta	비올레따
보습 크림	la crema hidratante	라 끄레마 이드라딴떼
볼펜	el boligrafo	엘 볼리그라포
봉투	el sobre	엘 소브레
분홍색	rosado	로사도
브래지어	el sostén	엘 소스뗀
블라우스	la blusa	라 블루사
비누	el jabón	엘 하본
비싼	caro(a)	까로(라)
빗	el peine	엘 뻬이네
빨강	rojo	로호
빨래집게	la pinza	라 삔싸
사이즈	el tamaño, la medida	엘 따마뇨, 라 메디다
색	el color	엘 꼴로르
색연필	el lápiz de color	엘 라삐쓰 데 꼴로르
색종이	el papel lustre	엘 빠뻴 루스뜨레
생리대	la compresa	라 꼼쁘레사
생선가게	la pescadería	라 뻬스까데리아
샤프펜슬	el lápiz automático	엘 라삐쓰 아우또마띠꼬
샴푸	el champú	엘 참뿌
서점	la libreria	라 리브레리아
선글라스	los gafas de sol	로스 가파스 데 솔

선물	el regalo	엘 레갈로
섬유	la fibra	라 피브라
세제	el detergente	엘 데떼르헨떼
세탁기	la lavadora	라 라바도라
셀로판테이프	la cinta adhesiva de celofán	라 씬따 아드에시바 데 셀로판
셔츠	la camisa	라 까미사
소매	la manga	라 망가
소재	la materia	라 마떼리아
소파	el sofa	엘 소파
속옷	la ropa interior	라 로빠 인떼리오르
손톱깎이	el cortaúñas	엘 꼬르따우냐스
솔	el cepillo	엘 쎄삐요
솥(압력솥)	la olla, la olla a presión	라 오야, 라 오야 아 쁘레시온
수수한	sobrio(a), modesto(a)	소브리오(아), 모데스또(따)
수영복	el traje de baño	엘 뜨라헤 데 바뇨
수제(手製)품	el hecho a mano	엘 에초 아 마노
수첩	la agenda	라 아헨다
술판매점	la tienda de vinos y licores	라 띠엔다 데 비노스 이 리꼬레스
슈퍼마켓	el supermercado	엘 수뻬르메르까도

스웨터	el jersey, el suéter	엘 헤르세이, 엘 수에떼르
스카치테이프	la cinta adhesiva	라 씬따 아드에시바
스커트	la falda	라 팔다
스타킹	las medias	라스 메디아스
시계점	la relojería	라 렐로헤리아
시트	la sábana	라 사바나
식기세척제	el detergente para fregar platos	엘 데떼르헨떼 빠라 프레가르 쁠라또스
식기세척기	el lavaplatos automático	엘 라바쁠라또스 아우또마띠꼬
식료품점	la tienda de comestibles	라 띠엔다 데 꼬메스띠블레스
식탁	la mesa de cocina	라 메사 데 꼬씨나
식탁보	el mantel	엘 만뗄
실	el hilo	엘 일로
실크	la seda	라 세다
18금	el oro de dieciocho quilates	엘 오로 데 디에씨오초 낄라떼스
싼	barato(a)	바라또(따)
아이세도우	la sombra	라 솜브라
안경점	la óptica	라 옵띠까
알루미늄호일	el papel aluminio	엘 빠뼬 알루미니오
야채가게	la verdulería	라 베르둘레리아

양말	los calcetines	로스 깔쎄띠네스
양복	el traje	엘 뜨라헤
양복점	la tienda de confección	라 띠엔다 데 꼰펙씨온
어두운	oscuro(a)	오스꾸로(라)
연두색	verde claro	베르데 끌라로
연필	el lápiz	엘 라삐쓰
연필깎이	el sacapuntas	엘 사까뿐따스
영수증	el recibo	엘 레씨보
오렌지색	anaranjado	아나랑하도
오븐	el horno	엘 오르노
옷장	el armario	엘 아르마리오
와이셔츠	la camisa	라 까미사
우산	el paraguas	엘 빠라구아스
울	la lana	라 라나
의자	la silla	라 시야
이불	la sábana	라 사바나
입어보는 곳	el probador	엘 쁘로바도르
자	la regla	라 레글라
자주색	morado	모라도
작은	pequeño(a)	뻬께뇨(냐)
잔돈	el monedero	엘 모네데로
잠옷	el pijama	엘 삐하마
장갑	los guantes	로스 구안떼스

장난감가게	la juguetería	라 후게떼리아
재킷	la chaqueta	라 차께따
전구	la bombilla	라 봄비야
전기기구점	la tienda de aparatos eléctricos	라 띠엔다 데 아빠라또스 엘렉뜨리꼬스
전기밥솥	la cocedora de arroz	라 꼬쎄도라 데 아로쓰
전자레인지	el microondas	엘 미끄론다스
전통적인	tradicional	뜨라디씨오날
정수기	el purificador de agua	엘 뿌리피까도르 데 아구아
정육점	la carnicería	라 까르니쎄리아
제과점	la panaderia	라 빠나데리아
제모크림	la crema para depilar	라 끄레마 빠라 데뻴라르
제화점	la zapatería	라 싸빠떼리아
조끼	el chaleco	엘 찰레꼬
주서기	la juguera	라 후게라
주홍색	escarlata	에스까를라따
줄무늬	el dibujo de rayas	엘 디부호 데 라야스
지갑	la cartera	라 까르떼라
지퍼	la cremallera	라 끄레마예라
질 좋은(정교한)	fino(a), delgado(a)	피노(나), 델가도(다)
천	la tela	라 뗄라
청바지	los pantalones vaqueros	로스 빤딸로네스 바께로스

초록색	verde	베르데
최신의	último(a)	울띠모(마)
치약	el dentífrico	엘 덴띠프리꼬
침대	la cama	라 까마
칫솔	el cepillo dental	엘 쎄삐요 덴딸
카드	la tarjeta	라 따르헤따
카메라점	la tienda de cámaras	라 띠엔다 데 까마라스
카펫	la alfombra	라 알폼브라
커터	el cortador	엘 꼬르따도르
커튼	la cortina	라 꼬르띠나
커피머신	la máquina de café	라 마끼나 데 까페
코르크(병) 따개	el sacacorchos	엘 사까꼬르초스
코트	el chaquetón,	엘 차께똔
	el sacón	엘 사꼰
쿠션	el almohadón	엘 알모아돈
크레파스	el lápiz de pastel	엘 라삐쓰 데 빠스뗄
크림	la crema	라 끄레마
큰	grande	그란데
클렌징크림	la crema de limpieza	라 끄레마 데 림삐에싸
클립	el clip	엘 끌리쁘
키친타월	el papel de cocina	엘 빠뻴 데 꼬씨나
타월	la toalla	라 또아야
털실	el ovillo de lana	엘 오비요 데 라나

단어만 말해도 뜻은 통한다!

토산품점	la tienda de recuerdos	라 띠엔다 데 레꾸에르도스
토스터	el tostador	엘 또스따도르
트리트먼트	el tratamiento	엘 뜨라따미엔또
티슈	la toalla de papel	라 또아야 데 빠뻴
파랑	azul	아쑬
파머	el permanente	엘 뻬르마넨떼
파운데이션	el maquillaje de fondo	엘 마끼야헤 데 폰도
파일	el archivo	엘 아르치보
팔레트	la paleta	라 빨레따
팩	la mascarilla	라 마스까리야
편지지	el papel de cartas	엘 빠뻴 데 까르따스
포장하다	envolver	엔볼베르
폼클렌징	el jabón para la cara	엘 하본 빠라 라 까라
표백제	el blanqueador	엘 블랑께아도르
프라이뒤지개	las pinzas	라스 삥싸스
프라이팬	el sartén	엘 사르뗀
피아노	el piano	엘 삐아노
필러	el pelador	엘 뻴라도르
필통	el estuche	엘 에스뚜체
하늘색	azul claro	아쑬 끌라로
핸드크림	la crema de manos	라 끄레마 데 마노스
햇볕차단제	la crema contra las quemaduras de sol	라 끄레마 꼰뜨라 라스 께마두라스 데 솔

단어

쇼핑 필수단어

향수	el perfume	엘 뻬르푸메
헐렁한	flojo(a), suelto(a)	플로호(하), 수엘또(따)
헤어스타일	el peinado	엘 뻬이나도
헤어스프레이	la laca	라 라까
형광등	la luz fluorescente	라 루쓰 플루오레쎈떼
호치키스	el abrochador	엘 아브로차도르
호크(걸쇠)	el broche de presión	엘 브로체 데 쁘레시온
화려한	llamativo(a),	야마띠보(바),
	vistoso(a)	비스또소(사)
화장지	el rollo de papel	엘 로요 데 빠뻴
화장티슈	el pañuelo de papel	엘 빠뉴엘로 데 빠뻴
화장품	los cosméticos	로스 꼬스메띠꼬스
화장품점	la perfumería	라 뻬르푸메리아
화장하다	maquillarse	마끼야르세
회색	gris	그리스
흰색	blanco	블랑꼬

Capítulo 9

단어

단어만 말해도 뜻은 통한다!

양으로 살 때

- ~유로어치
  ~ por euros ~ 뽀르 에우로스

- ~그램
  ~ por gramos ~ 뽀르 그라모스

고기·생선을 살 때

- 그램
  gramos 그라모스

- 킬로그램
  kilogramos 낄로그라모스
  예 **600 gramos** 세이씨엔또스 그라모스

- ~마리
  un pescado 운 뻬스까도

야채를 살 때

- ~단(파, 시금치 등)
  una gavilla de~ 우나 가비야 데 ~

- ~포기(배추, 상추 등)
  una cabeza de~ 우나 까베싸 데 ~

Capítulo 10

통신

1. 전화 걸기
2. 전화 받기
3. 우체국
※ **통신** 필수단어

간단한 한마디

페드로 씨를 바꿔 주시겠어요?

¿Podría hablar con el Sr. Pedro?

뽀드리아 아블라르 꼰 엘 세뇨르 뻬드로

여기서 우표를 살 수 있습니까?

¿Se venden los sellos aquí?

세 벤덴 로스 세요스 아끼

전화 걸기

mp3 **076**

(공중전화를 걸 때) 어떻게 통화하죠?
¿Cómo puedo llamar?
꼬모 뿌에도 야마르

(공중전화를 걸 때) 잔돈으로 바꿔 주세요.
Cámbielos, por favor.
깜비엘로스 뽀르 파보르

여보세요, 페드로 씨 댁입니까?
¡Hola! ¿Es la casa del Sr. Pedro?
올라   에스 라 까사 델 세뇨르 뻬드로

페드로 씨를 바꿔 주시겠어요?
¿Podría hablar con el Sr. Pedro?
뽀드리아 아블라르 꼰 엘 세뇨르 뻬드로

전 김이라고 하는데 페드로 씨 계십니까?
Me llamo Kim, ¿está el Sr. Pedro?
메 야모 낌 에스따 엘 세뇨르 뻬드로

밤늦은 시간에 죄송합니다.
Siento llamar tan tarde por la noche.
시엔또 야마르 딴 따르데 포르 라 노체

그에게 말을 전해 주시겠습니까?
¿Podría darle un mensaje?
쁘드리아 다를레 운 멘사헤

전화 잘못 거셨어요.
¡Ay! usted se equivocó de número.
아이 우스뗏 세 에끼보꼬 데 누메로

전화 끊을게요.
Voy a colgar.
보이 아 꼴가르

나중에 전화하겠습니다. 감사합니다.
Le llamaré más tarde. Gracias.
레 야마레 마스 따르데 그라씨아스

여보세요, 네 그런데요…
Sí, soy yo...
시 소이 요

누구십니까?
¿Con quién hablo?
꼰 끼엔 아블로

누구시라고 전해 드릴까요?
¿Quién llama?
끼엔 야마

천천히 철자를 말해 주겠어요?
¿Cómo se escribe su nombre?
꼬모 세 에스끄리베 수 놈브레

네, 바꿔 드리겠습니다.
Un momento que voy a llamarlo.
운 모멘또 께 보이 아 야마를로

잠깐만 기다리세요.
Por favor, un segundo.
뽀르 파보르 운 세군도

무슨 용건이세요?
¿Qué desea?
께 데세아

그는 외출했습니다.
Ha salido.
아 살리도

그는 아직 안 돌아 왔습니다.
Todavía no ha vuelto.
또다비아 노 아 부엘또

돌아오면 전화하라고 하겠습니다.
Le diré que en cuanto vuelva a casa, le llame.
레 디레 께 엔 꾸안또 부엘바 아 까사 레 야메

통신

mp3 **078**

중앙우체국은 어디 있습니까?

¿Dónde está correo central?

돈데스따 꼬레오 쎈뜨랄

여기서 우표를 살 수 있습니까?

¿Se venden los sellos aquí?

세 벤덴 로스 세요스 아끼

우표 10유로어치 주세요.

Deme sellos por 10 euros

데메 세요스 뽀르 디에쓰 에우로스

우편엽서 6장 주세요.

Deme 6 tarjetas postales.

데메 세이스 따르헤따스 뽀스딸레스

이것의 우편요금은 얼마입니까?

¿Cuánto es el franqueo?

꾸안또 에스 엘 프랑께오

항공편으로 한국으로 보내 주세요.
A Corea, por correo aéreo, por favor.
아 꼬레아 뿌르 꼬레오 아에레오 뿌르 파보르

이것을 등기로 부탁합니다.
Por favor, envíelo por correo certificado.
뿌르 파보르 엠비엘로 뿌르 꼬레오 쎄르띠피까도

이것을 속달로 부탁합니다.
Por favor, mande esto por expreso.
뿌르 파보르 만데 에스또 뿌르 에스쁘레소

항공편과 선편의 차액은 얼마나 됩니까?
¿Cuánto es diferencia entre correo aéreo y marítimo?
꾸안또 에스 디페렝씨아 엔뜨레 꼬레오 아에레오 이 마리띠모

내용물은 무엇입니까?
¿Qué hay dentro?
께 아이 덴뜨로

통신 필수단어

Capítulo 10

통신 단어

검색하다	buscar	부스까르
고장 난	averiado(a)	아베리아도(다)
공중전화	el teléfono público	엘 뗄레포노 뿌블리꼬
교환	el operador, la operadora	엘 오뻬라도르, 라 오뻬라도라
긴급전화	la llamada de emergencia	라 야마다 데 에메르헹씨아
내선번호	el número de extensión	엘 누메로 데 에스뗀시온
내용물	el contenido	엘 꼰떼니도
내용물 개수	el número de artículos	엘 누메로 데 아르띠꿀로스
넣다	meter	메떼르
데이터	el dato	엘 다또
등기우편	la carta certificada	라 까르따 쎄르띠피까다
디스크	el disco	엘 디스꼬
마우스	el ratón	엘 라똔
망가지기 쉬운	frágil	프라힐
메모리	la memoria	라 메모리아
모니터	el monitor	엘 모니또르
문자메시지	el mensaje de texto	엘 멘사헤 데 떽스또
물건	el artículo	엘 아르띠꿀로
바이러스	el virus	엘 비루스

단어만 말해도 뜻은 통한다!

반송	el reenvío,	엘 레엔비오,
	la reexpedición	라 레에스뻬디씨온
받다(수신하다)	recibir	레씨비르
발송인	el remitente	엘 레미뗀떼
배달	el reparto	엘 레빠르또
번호를 누르다	marcar	마르까르
번호통화	la llamada de	라 야마다 데
	teléfono a teléfono	뗄레포노 아 뗄레포노
별송으로	por separado	뽀르 세빠라도
보내다(송신하다)	enviar	엠비아르
봉투	el sobre	엘 소브레
서명	la firma	라 피르마
선물	el regalo	엘 레갈로
선편	el correo marítimo	엘 꼬레오 마리띠모
소포	el paquete	엘 빠께떼
속달	el expreso	엘 에스쁘레소
수취인	el destinatario	엘 데스띠나따리오
수화기	el aulicula	엘 아우리꿀라
순(純) 중량	el peso neto	엘 뻬소 네또
시동하다	iniciar	이니씨아르
시외국번	el indicativo	엘 인디까띠보
	interurbano	인떼르우르바노
우체국	la oficina de correos	라 오피씨나 데 꼬레오스

통신 필수단어

Capítulo 10

통신 단어

우체부	el cartero	엘 까르떼로
우체통	el buzón	엘 부쏜
우편번호	el código postal	엘 꼬디고 뽀스딸
우편엽서	la postal	라 뽀스딸
우편요금	el franqueo	엘 프랑께오
우편환	el giro postal	엘 히로 뽀스딸
우표	el sello	엘 세요
우표판매소	el estanco	엘 에스땅꼬
웹사이트	el sitio web	엘 시띠오 웹
음성메시지	el mensaje de voz	엘 멘사헤 데 보쓰
이메일	el correo electrónico	엘 꼬레오 엘렉뜨로니꼬
인쇄물	el impreso(s)	엘 임쁘레소(스)
인스톨하다	instalar	인스딸라르
인터넷	el internet	엘 인떼르넷
잔돈	el suelto,	엘 수엘또,
	los cambios	로스 깜비오스
잘못 걸다	número equivocado	누메로 이끼보까도
장거리전화	la llamada de	라 야마다 데
	larga distancia	라르가 디스땅씨아
전화번호	el número de	엘 누메로 데
	teléfono	뗄레포노
전화번호부	la guía telefónica	라 기아 뗄레포니까
전화번호 안내	la información telefónica	라 인포르마씨온 뗄레포니까

전화카드	la tarjeta telefónica	라 따르헤따 뗄레포니까
접속하다	conectar	꼬넥따르
주소	la dirección	라 디렉씨온
지명통화	la llamada de persona a persona	라 야마다 데 뻬르소나 아 뻬르소나
첨부파일	el documento adjunto	엘 도꾸멘또 아드훈또
컬렉트 콜	la llamada por cobrar	라 야마다 뽀르 꼬브라르
컴퓨터	el ordenador	엘 오르데나도르
키보드	el teclado	엘 떼끌라도
통화하다	llamar por teléfono	야마르 뽀르 뗄레포노
파일	el fichero	엘 피체로
패스워드	la contraseña	라 꼰뜨라세냐
팩시밀리	el fax	엘 팍스
편지	la carta	라 까르따
편지지	el papel de cartas	엘 빠뻴 데 까르따스
프린터	la impresora	라 임쁘레소라
하드디스크	el disco duro	엘 디스꼬 두로
항공엽서	el aerograma	엘 아에로그라마
항공편	el correo aéreo	엘 꼬레오 아에레오
홈페이지	la página	라 빠히나
화면	la pantalla	라 빤따야
휴대전화	el teléfono móvil	엘 뗄레포노 모빌

Capítulo 11

긴급상황

간단한 한마디

도움이 필요해요!

¡Necesito ayuda!

네쎄시또 아유다

머리가 아파요

Tengo dolor de cabeza.

뗑고 돌로르 데 까베싸

도움 청하기

mp3 **079**

도움이 필요해요!
¡Necesito ayuda!
네쎄시또 아유다

한국어 하시는 분 안 계세요?
¿Hay alguien que hable coreano?
아이 알기엔 께 아블레 꼬레아노

경찰을 불러주세요.
¡Por favor, llame a la policía!
뽀르 파보르 야메 아 라 뽈리씨아

구급차를 불러주세요.
¡Por favor, llame a la ambulancia!
뽀르 파보르 야메 아 라 암불랑씨아

경찰서가 어디입니까?
¿Dónde queda la comisaría?
돈데 께다 라 꼬미사리아

Capítulo 11
긴급상황

286

휴대전화를 빌려 주시겠어요?
¿Me presta su teléfono móvil, por favor?
메 쁘레스따 수 뗄레포노 모빌 뽀르 파보르

급해요!
¡Tengo prisa!
뗑고 쁘리사

서둘러 주세요!
¡De prisa!
데 쁘리사

도와주세요!
¡Socorro!
소꼬로

구내방송을 부탁합니다.
¿Puede hacer un anuncio al público, en el edificio?
뿌에데 아쎄르 운 아눙씨오 알 뿌블리꼬 에넬 에디피씨오

여권을 잃어버렸어요.
Perdí el pasaporte.
빼르디 엘 빠사뽀르떼

택시 안에 봉투를 두고 내렸어요.
Me olvidé una bolsa de papel en el taxi.
메 올비데 우나 볼사 데 빠뻴 에넬 딱시

비행기 안에 아이 상의를 두고 내렸어요.
Olvidé la chaqueta del niño en el avión.
올비데 라 차께따 델 니뇨 에넬 아비온

열차 안에 가방을 두고 내렸어요.
He olvidado mi bolsa en el tren.
에 올비다도 미 볼사 에넬 뜨렌

분실물취급소는 어디입니까?
¿Dónde está la oficina de objetos perdidos?
돈데 에스따 라 오피씨나 데 오브헤또스 뻬르디도스

가방을 도둑맞았습니다.

Me robaron la bolsa.

메 로바론 라 볼사

지갑을 소매치기 당했습니다.

Me robaron la cartera.

메 로바론 라 까르떼라

강도를 당했습니다.

Me han robado.

메 안 로바도

찾으면 여기로 연락을 주세요.

Si lo encuentra, avíseme aquí, por favor.

시 로 엥꾸엔뜨라 아비세메 아끼 뽀르 파보르

저 사람이에요.

Esa persona.

에사 뻬르쏘나

교통사고가 났어요.

Tuve un accidente de tránsito.

뚜베 운 악씨덴떼 데 뜨란시또

경찰과 응급차를 불러 주세요.

Avise a la policía y llame una ambulancia.

아비세 아 라 뽈리씨아 이 야메 우나 암불랑씨아

제가 다쳤어요.

Me he herido.

메 에 에리도

다친 사람은 없어요.

No hay ninguna persona herida.

노 아이 닝구나 뻬르소나 에리다

제 과실은 아닌 것 같아요.

Pienso que no fue mi culpa.

삐엔소 께 노 푸에 미 꿀빠

차 문이 약간 찌그러졌어요.
La puerta se abolló un poco.
라 뿌에르따 세 아보요 운 뽀꼬

차 시동이 안 걸려요.
El coche no arranca.
엘 꼬체 노 아랑까

보험회사에 연락해 주세요.
Avise a la compañía de seguros.
아비세 아 라 꼼빠니아 데 세구로스

보험을 청구하고 싶은데요.
Quisiera hacer una demanda del seguro.
끼시에라 아쎄르 우나 데만다 델 세구로

(경관에게) 사고증명서를 작성해 주세요.
Haga un certificado de accidente, por favor.
아가 운 쎄르띠피까도 데 악씨덴떼 뽀르 파보르

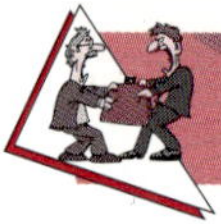

여기가 아파요.

Me duele aquí.

메 두엘레 아끼

머리가 아파요.

Tengo dolor de cabeza.

뗑고 돌로르 데 까베싸

배가 아파요.

Tengo dolor de vientre.

뗑고 돌로르 데 비엔뜨레

설사를 합니다.

Tengo diarrea.

뗑고 디아레아

열이 납니다.

Estoy con fiebre.

에스또이 꼰 피에브레

감기에 걸렸어요.
Estoy resfriado(a).
에스또이 레스프리아도(다)

식욕이 없어요.
No tengo ganas de comer.
노 뗑고 가나스 데 꼬메르

전 알레르기가 있어요.
Tengo alergia.
뗑고 알레르히아

어디가 안 좋은 거죠?
¿Dónde me encuentro mal?
돈데 메 엥꾸엔뜨로 말

여행을 계속해도 되겠습니까?
¿Puedo seguir viajando?
뿌에도 세기르 비아한도

이 처방전을 조제해 주세요.

Prepare esta receta, por favor.

쁘레빠레 에스따 레쎄따 뽀르 파보르

두통약 주세요.

Deme una medicina para el dolor de cabeza.

데메 우나 메디씨나 빠라 엘 돌로르 데 까베싸

벤 데 바르는 연고 주세요.

Deme un ungüento para la cortadura.

데메 운 웅구엔또 빠라 라 꼬르따두라

안약 주세요.

Deme unas gotas para los ojos.

데메 우나스 고따스 빠라 로스 오호스

여기서 위장약을 살 수 있어요?

¿Se venden las medicinas para el vientre aquí?

세 벤덴 라스 메디씨나스 빠라 엘 비엔뜨레 아끼

발목을 삐었는데요.
Me torcí el tobillo.
메 또르씨 엘 또비요

불에 데었어요.
Tengo una quemadura.
뗑고 우나 께마두라

멀미약 주세요.
Deme una pastilla para no marearme en el coche.
데메 우나 빠스띠야 빠라 노 마레아르메 에넬 꼬체

숙취 때문에 머리가 지끈지끈해요.
Tengo resaca y me duele terriblemente la cabeza.
뗑고 레사까 이 메 두엘레 떼리블레멘떼 라 까베싸

이것을 식후에 드세요.
Tome esto después de comer.
또메 에스또 데스뿌에스 데 꼬메르

가렵다	picarse	삐까르세
가슴(유방)	el pecho	엘 뻬초
간	el hígado	엘 이가도
간호사	la enfermera	라 엠페르메라
감기	el resfriado	엘 레스프리아도
강도	el bandido	엘 반디도
겨드랑이	la axila	라 악실라
경련(쥐)	los calambres	로스 깔람브레스
경찰	la policía	라 뽈리씨아
고름	el pus	엘 뿌스
골절	la fractura	라 프락뚜라
공복(허기)	la hambre	라 암브레
관절	la articulación	라 아르띠꿀라씨온
구강세정제	el enjuagatorio	엘 엔후아가또리오
구토	la náusea	라 나우세아
궁둥이	la nalga	라 날가
귀	la oreja	라 오레하
기침	la tos	라 또스
나른함	tener pereza	떼네르 뻬레싸
내과의사	el internista	엘 인떼르니스따
넓적다리	el muslo	엘 무슬로
눈	el ojo	엘 오호
눈썹	las cejas	라스 쎄하스

다리	la pierna	라 삐에르나
당뇨	la diabetes	라 디아베떼스
도둑	el ladrón	엘 라드론
독감	la gripe	라 그리뻬
돈	el dinero, la moneda	엘 디네로, 라 모네다
두고 오다	olvidar	올비다르
두통	el dolor de cabeza	엘 돌로르 데 까베싸
등	la espalda	라 에스빨다
등의 통증	el dolor de espalda	엘 돌로르 데 에스빨다
머리	la cabeza	라 까베싸
머리카락	el pelo	엘 뻴로
명치(상복부)	el epigastrio	엘 에삐가스뜨리오
목	el cuello	엘 꾸에요
목구멍	la garganta	라 가르간따
목의 통증	el dolor de garganta	엘 돌로르 데 가르간따
무릎	la rodilla	라 로디야
무지근한 통증	el dolor sordo	엘 돌로르 소르도
물집	la ampolla	라 암뽀야
발	el pie	엘 삐에
발가락	el dedo del pie	엘 데도 델 삐에
발목	el tobillo	엘 또비요
발열	la fiebre	라 피에브레
발한(땀)	el sudor	엘 수도르

긴급상황 필수단어

방광	la vejiga	라 베히가
배	el vientre	엘 비엔뜨레
배꼽	el ombligo	엘 옴블리고
벌레물림	el picado de insecto	엘 비까도 데 인섹또
베인 상처	la cortadura	라 꼬르따두라
변비	el estrenimiento	엘 에스뜨레니미엔또
보험회사	la compañia de seguros	라 꼼빠니아 데 세구로스
복통	el dolor de vientre	엘 돌로르 데 비엔뜨레
부상(상처)	la herida	라 에리다
부인과의사	el ginecólogo	엘 히네꼴로고
불면증	el insomnio	엘 인솜니오
붕대	la venda	라 벤다
뺨	la mejilla	라 메히야
뼈	el hueso	엘 우에소
삠	la torcedura	라 또르쎄두라
살살 아픔	el dolorcillo continuado	엘 돌로르씨요 꼰띠누아도
상처	la herida	라 에리다
생리	el periodo	엘 뻬리오도
생리대	la compresa	라 꼼쁘레사
서명	la firma	라 피르마
설사	la diarrea	라 디아레아

Capitulo 11

단어

소매치기	el ratero, el carterista	엘 라떼로, 엘 까르떼리스따
소변	la orina	라 오리나
소아과의사	el pediatria	엘 뻬디아뜨리아
손	la mano	라 마노
손가락	el dedo	엘 데도
손목	la muñeca	라 무녜까
손톱	la uña	라 우냐
숨쉬기 어렵다	respirar con dificultad	레스삐라르 꼰 디피꿀닷
스트레스	el estrés	엘 에스뜨레스
습진	el eccema	엘 엑쎄마
식전	antes de la comida	안떼스 데 라 꼬미다
식후	después de la comida	데스뿌에스 데 라 꼬미다
신용카드	la tarjeta de crédito	라 따르헤따 데 끄레디또
심장	el corazón	엘 꼬라쏜
아스피린	la aspirina	라 아스삐리나
알레르기	la alergía	라 알레르히아
암	el cáncer	엘 깡쎄르
약국	la farmacia	라 파르마씨아
어깨	el hombro	엘 옴브로
어깨 결림	tener los hombros tensos	떼네르 로스 옴브로스 뗀소스
얼굴	la cara	라 까라

엉덩이	las nalgas	라스 날가스
여권	el pasaporte	엘 빠사뽀르떼
여행자수표	el cheque de viaje	엘 체께 데 비아헤
연고	el ungüento	엘 웅구엔또
오른손	la mano derecha	라 마노 데레차
오한	el escalofrío	엘 에스깔로프리오
오한이 남	tener escalofríos	떼네르 에스깔로프리오스
외과의사	el cirujano	엘 씨루하노
왼손	la mano izquierda	라 마노 이쓰끼에르다
욱신욱신한 통증	el dolor punzante	엘 돌로르 뿐싼떼
위	el estómago	엘 에스또마고
위장약	el medicamento gastrointestinal	엘 메디까멘또 가스뜨로인떼스띠날
유레일패스	la tarjeta turistica europea	라 따르헤따 뚜리스띠까 에우로뻬아
의사	el médico	엘 메디꼬
이	el diente	엘 디엔떼
이마	la frente	라 프렌떼
일회용밴드	la tirita	라 띠리따
잃어버리다	perder	뻬르데르
임신 중인	estar embarazada	에스따르 엠바라싸다
입	la boca	라 보까
입술	los labios	로스 라비오스

단어만 말해도 뜻은 통한다!

장딴지	la pantorrilla	라 빤또리야
재발행	la expedición de nuevo	라 엑사뻬디씨온 데 누에보
재채기	el estornudo	엘 에스또르누도
저리다	entumecerse	엔뚜메쎄르세
지갑	el monedero, la cartera, la billetera	엘 모네데로, 라 까르떼라, 라 비예떼라
진통제	el analgésico, el calmante	엘 아날헤시꼬, 엘 깔만떼
짐	el equipaje	엘 에끼빠헤
찌르는 듯한 통증	el dolor agudo	엘 돌로르 아구도
처방전	la receta, la fórmula médica	라 레쎄따, 라 포르물라 메디까
천식	el asma	엘 아스마
체온계	el termómetro	엘 떼르모메뜨로
충치	la caries	라 까리에스
치과의사	el dentista	엘 덴띠스따
치질	las almorranas	라스 알모라나스
치통	el dolor de diente	엘 돌로르 데 디엔떼
코	la nariz	라 나리쓰
코피	la hemorragia nasal	라 에모라히아 나살
콧물	el moco	엘 모꼬
타박상	el magulladura	엘 마구야두라

턱	la mandíbula	라 만디불라
토할 것 같다	sentir náuseas	센띠르 나우세아스
팔	el brazo	엘 브라쏘
팔꿈치	el codo	엘 꼬도
폐	el pulmón	엘 뿔몬
피부	la piel	라 삐엘
한국대사관	la Embajada de Corea del Sur	라 엠바하다 데 꼬레아 델 수르
항공권	el billete de avión	엘 비에떼 데 아비온
항문	el ano	엘 아노
항생제	el antibiótico	엘 안띠비오띠꼬
허리	la cintura	라 씬뚜라
혀	la lengua	라 렝구아
현기증이 남	tener vértigo	떼네르 베르띠고
혈압	la presión arteríal	라 쁘레시온 아르떼리알
혈액형	el grupo sanguíneo	엘 그루뽀 상기네오
화상(기름)	la escaldadura	라 에스깔다두라
화상(불)	la quemadura	라 께마두라
화상(햇빛)	la quemadura de sol	라 께마두라 데 솔
흉통	el dolor de pecho	엘 돌로르 데 뻬초

여행 스페인어 나만 믿어!

2011년 7월 5일 1판 1쇄 인쇄
2011년 7월 15일 1판 1쇄 발행

지은이 | TOMATO 교재편집팀
펴낸이 | 김남일
펴낸곳 | **TOMATO**
등록번호 | 제 6-0622호
주소 | 서울 동대문구 답십리1동 469-3 월드씨티빌딩 501호
전화 | 0502-600-4925
팩스 | 0502-600-4924

ISBN 978-89-91068-47-6
파본은 교환해 드립니다(정가는 표지에 있습니다).

토마토출판사 홈페이지(www.tomatobooks.co.kr)